국제중문교육용 한국 한자어 대응

중국어 어휘 해석

1-3급

中國教育部語合中心2021年國際中文教育研究課題重點項目(21YH15B)資助

국제중문교육용 한국 한자어 대응

중국어 어휘 해석

1-3급

主編 侯文玉

編者 曾茂 · 王犇 · 夏維 · 尹炤暎

新闻 - 新聞 신문

后年 - 來後年 내후년

地图 - 地圖 지도

學古房

前言

　　韩语词汇中存在着大量的汉字词，这些汉字词与对应的中文词语在形态、语义、语用等方面既有相同点，也有不同之处。如果能清楚地了解两者的异同，特别是如果能掌握两者语义用法方面的差异，将会对学生的中文学习有着事半功倍的效果。2019年9月，笔者由当时的中国国家汉办公派至韩国庆熙大学孔子学院担任中方院长。期间，考虑到孔院学员需求与自己的专业背景，便着手组织孔院教师编写韩语汉字词对应中文词汇相关教材。

　　2021年《国际中文教育中文水平等级标准》发布并正式实施，这是首个面向外国中文学习者、全面描绘评价学习者中文语言技能和水平的规范标准。《标准》的出台将进一步完善语言文字规范标准体系，并为国际中文教育事业发展提供有力支撑。为迎接这一中文学习与考试的变化，我们的研究范围便设定为《标准》词汇表中的11092个词语。即根据一定的标准，筛选出《标准》各级别中的对应词语；按"同形近义"、"异形同义"、"同形异义"三个类别（繁简体不加区分）对其进行分类；通过对比举例对其形义的异同进行分析；在此基础上编写与韩语汉字词相对应的汉语词汇有关教材。我们的宗旨是帮助韩国中文学习者更快更好地掌握相关词汇，提升中文水平。

　　本书主要分为以下几部分内容：

1. 同形近义词：是指汉韩语中形态一致，语义基本相同的词语。因其中名词数量较多，以中文词语词性为准，将其分为"名词"和"非名词"两类。

2. 异形同义词：是指汉韩语中形态有关又不完全一致，但语义基本相同的词语。根据形态特征将其分为"语素顺序颠倒"、"韩语多一个语素"、"部分语素不同"三类。

3. 同形异义词：是指汉韩语中形态一致，但语义不同的词语。根据语义不同的程度又分为"完全异义词"和"部分异义词"，部分异义主要表现为词义范围不同、语体色彩不同、使用搭配不同等。

4. 为让学习者能够更好地掌握"同形异义词"，我们在最后部分参考HSK考试题型对每一个词语都设计了相关练习题。

本书具有以下几方面特色：

1. 专门性：本教材为国际中文词汇教学与学习用书，是专门针对韩国中文学习者所设计，适用于日常学习及HSK考试备考。

2. 知识性：在词义解释与对比方面，参考了大量权威性词典、专著、论文，具有一定的学术价值。

3. 实用性：教材的编写始终贯穿实用性这一原则，特别是每一个例句和习题，都是经过反复修改推敲完成，力保学生能够学以致用。

于庆熙大学孔子学院
2023年5月

한국어 어휘에는 많은 한자어가 존재하는데, 이러한 한국 한자어에 대응하는 중국어 단어는 형태形态·의미语义·쓰임语用 등에서 같은 점도 있고 다른 점도 있다. 한국어 어휘와 중국어 어휘의 유사점과 차이점을 명확하게 이해할 수 있다면, 특히 그 의미와 용법의 차이를 이해할 수 있다면 학생들의 중국어 학습에 많은 도움이 될 것이다. 필자는 2019년 9월, 경희대학교 공자학원의 중국측 원장으로 파견되었다. 그 기간 동안 공자학원 학생들의 수요와 전공 배경을 고려하여 한국 한자어에 대응하는 중국어와 관련한 교재 제작에 나섰다.

2021년 〈국제중국어교육 중국어수준 등급기준国际中文教育中文水平等级标准〉이 발표되어 공식적으로 시행되었으며, 이는 외국인 중국어 학습자를 대상으로 중국어 능력과 학습자의 수준을 종합적으로 묘사하고 평가하는 최초의 표준화된 기준이다. 이 등급기준은 언어 및 문자 표준 시스템을 더욱 개선하고 국제 중국어 교육 발전을 강력하게 지원할 것이다. 이러한 중국어 학습 및 시험 변화에 대응하여 우리는 국제중국어교육 중국어수준 등급기준의 11,092개의 단어를 연구 범위로 설정하였다. 일정한 기준에 따라 등급에 해당하는 단어를 선별해 '동형유의同形近义', '이형동의异形同义', '동형이의同形异义'의 3가지 유형(번·간체자는 구분하지 않음)으로 분류하고, 그 형태의 의미形意 차이를 비교하며 예시를 통해 분석한다. 이를 바탕으로 한국 한자어에 대응하는 중국어 어휘 관련 교재를 만들고자 했으며, 이는 중국어 학습자들이 관련 어휘를 더 빠르게 익혀 중국어 실력을 높일 수 있도록 돕자는 취지이다.

이 책은 주로 다음과 같은 부분으로 나뉜다.

1. 동형유의어同形近义词: 한국 한자어와 형태가 일치하고 의미 또한 기본적으로 같은 중국어를 일컫는다. 명사의 수가 많기 때문에 중국어 단어

의 품사에 따라 '명사'와 '비非명사'의 두 가지 범주로 나누었다.

2. 이형동의어异形同义词 : 한국 한자어의 형태와 관련이 있으나 완전히 일 치하지는 않는, 그러나 그 기본적인 의미가 같은 중국어를 일컫는다. 형 태적 특징에 따라 '형태소 순서가 뒤바뀐 단어', '한국어의 형태소가 하 나 더 많은 단어', '형태소의 일부가 다른 단어'의 세 가지로 나뉜다.

3. 동형이의어同形异义词 : 한국 한자어와 형태는 같지만 의미는 다른 중국 어를 일컫는다. 의미 차이에 따라 '완전이의어完全异义词'와 '부분이의 어部分异义词'로 나뉘며, 부분이의어의 차이는 주로 의미 범위의 차이, 긍정적 혹은 부정적 어감의 차이, 사용 조합의 차이 등으로 나타난다.

4. 학습자가 '동형이의어同形同义词'를 더 잘 이해할 수 있도록 책의 마지 막 부분에 HSK시험 문제를 참고하여 각 단어와 관련된 연습 문제를 제공하였다.

이 책은 다음과 같은 특색을 가지고 있다.

1. 전문성专门性 : 본 교재는 국제 중국어 어휘 교육 및 학습용 책으로, 한 국인 중국어 학습자를 위해 특별히 설계되었으며 일상 학습 및 HSK 시 험 준비에 적합하다.

2. 지적知识性 : 의미 해석 및 비교 측면에서 권위 있는 사전과 다양한 전문 저서와 논문을 참조했으며, 이는 학술적 가치를 가지고 있다.

3. 실용성实用性 : 교재의 편집은 시종 실용성의 원칙을 관철하였으며, 특히 모든 예문과 연습 문제는 모두 반복적인 수정을 거쳐 완성하였고, 학생 들이 배운 것을 실제로 사용할 수 있도록 보장한다.

경희대학교 공자학원에서

2023년 5월

목차

CHAPTER 03 동형이의어同形異義語

01 완전이의어

02 부분이의어

CHAPTER
01

동형유의어
同形近義語

일반적으로 둘 이상의 단어가 같거나 비슷한 의미를 지닐 때 이들을 동의관계에 있다고 한다. 이러한 동의관계를 보이는 한·중 양언어에서 같은 형태를 가지고 있는 단어의 짝을 '동형동의어'라고 한다. 다만 한국어에서는 동사나 형용사로 사용하고자 하는 한자어의 경우, 명사어근 혹은 단어 취급을 받지 못하는 형태어근 뒤에 '-하다', '-롭다', '-스럽다' 등의 파생 접미사를 붙여야 한다.

01 명사

班 - 班반

你们班有几个人？

너희 반은 몇 명이니?

半年 - 半年반년

我们有半年没见了。

우리 반년 동안 못 만났다.

北 - 北북

我住在四川北边儿。

저는 사천성 북쪽에 살아요.

北京 - 北京북경

你吃过北京烤鸭吗？

북경 구운 오리를 먹어 본 적이 있습니까?

茶 – 茶차

王明喜欢喝绿茶。

왕명은 녹차 마시는 것을 좋아한다.

车 – 車차

周强最近买了新车。

주강이는 최근에 새 차를 샀다.

车票 – 車票차표

你买车票了吗？

차표를 샀어요?

大学生 – 大學生대학생

林丹是大学生。

임단은 대학생이다.

地图 – 地圖지도

这是中国地图。

이것은 중국 지도이다.

第二 – 第二제이

这次比赛我拿了第二名。

이번 시합에서 내가 2등을 했다.

电话 – 電話전화

王明和女朋友每天都打电话。

왕명은 매일 여자 친구와 전화한다.

二 – 二이

我们昨天学了数字"二"。

우리는 어제 숫자 '이(2)'를 배웠다.

国家 – 國家국가

张丽是国家队队员吗？

장려는 국가 대표팀 팀원인가?

国外 – 國外국외

听说他有很多国外资产。

국외자산이 많다고 들었어요.

汉字 - 漢字한자

他的汉字书法很好。

그의 한자 서예는 매우 훌륭합니다.

今年 - 今年금년

今年我打算去中国旅游。

나는 금년에 중국 여행을 하려고 한다.

九 - 九구

我的生日在九月。

나의 생일은 9월이다.

老人 - 老人노인

那两位老人头发都白了。

그 두 노인은 머리가 모두 희끗희끗해졌다.

零/〇 - 零영

房间里现在是零度。

방 안의 현재 온도는 0도이다.

六 – 六육

我喜欢数字"六"。

나는 숫자'6'을 좋아한다.

门 – 門문

他家的门一直关着。

그의 집 문은 계속 닫혀 있다.

男 – 男남

我妈妈生了一男一女。

우리 엄마는 일남일녀를 낳았다.

南 – 南남

哪边是南？

어느 쪽이 남쪽인가?

年 – 年년

今年是2023年。

올해는 2023년이다.

女人 – 女人여인

我常常想起那个女人的样子。

나는 그 여인의 모습이 자주 생각난다.

票 – 票표

我买了一张票。

나는 표 한 장을 샀다.

七 – 七칠

我来中国七年了。

중국에 온지 7년이 되었다.

前 – 前전

3天前, 我去了釜山。

3일 전, 나는 부산에 다녀왔다.

三 – 三삼

我读大学三年级。

나는 대학교 3학년이다.

山 – 山산

那山很高。

저 산은 높다.

商店 – 商店상점

商店里有各种各样的商品。

상점에는 각양각색의 상품이 있다.

身体 – 身體신체

他每天都锻炼身体。

그는 매일 신체를 단련한다.

生日 – 生日생일

祝你生日快乐！

생일 축하합니다!

十 – 十십

打开第十页。

10쪽을 펴주세요.

时间 – **時間**시간

时间过得太快了。

시간이 정말 빠르다.

书店 – **書店**서점

这家书店的环境很好。

이 서점은 분위기가 좋다.

四 – **四**사

我住在四楼。

나는 4층에 살아요.

图书馆 – **圖書館**도서관

林丹每天都在图书馆学习。

임단은 매일 도서관에서 공부한다.

外国 – **外國**외국

他们都是外国人。

그들은 모두 외국인이다.

五 – 五오

这家酒店是五星级。

이 호텔은 5성급이다.

西 – 西서

我住在上海南京西路。

나는 상해 남경서로에 살아요.

现在 – 現在현재

金民秀现在在学习汉语。

김민수는 현재 중국어를 공부를 하는 중이다.

学生 – 學生학생

他们都是学生。

그들은 다 학생이다.

学校 – 學校학교

我们学校非常漂亮。

우리 학교는 매우 아름답다.

知识 – 知識지식

知识就是力量。

지식이 곧 힘이다.

中国 – 中國중국

我非常喜欢中国电视剧。

나는 중국 드라마를 매우 좋아한다.

中学生 – 中學生중학생

李英已经是中学生了。

이영이는 벌써 중학생이다.

> 💡 중국에서 '중학생中学生'은 중학교 학생 뿐 아니라, 고등학생도 포함한다.

人 – 人인

他们都是中国人。

그들은 모두 중국인이다.

日 – 日일

10月1日是中国的国庆节。

10월1일은 중국 국경절이다.

岁 - 歲세

我爷爷是百岁老人。

우리 할아버지는 백 세 어르신이다.

衣服 - 衣服의복

贵的衣服不一定都是好的。

사치스러운 의복이라고 다 좋은 것은 아니다.

 한국어에서는 문어체 위주로 사용함.

月 - 月월

12月的天气很冷。

12월의 날씨는 매우 춥다.

白色 – 白色백색

那件衣服是白色的。

그 옷은 흰색(백색)이다.

北方 – 北方북방

北方的冬天很冷。

북방의 겨울은 아주 춥다.

笔记 – 筆記필기

刘红正在做笔记。

유홍은 필기를 하고 있다.

表 – 表표

这是我的申请表。

이것은 내 신청표이다.

部分 – 部分 부분

这部分我不太理解。

이 부분은 잘 이해되지 않는다.

车辆 – 車輛 차량

过马路的时候，要注意车辆。

도로를 건널 때에는 차량을 조심하세요.

成绩 – 成績 성적

我这次成绩很好。

이번 성적이 매우 좋다.

春节 – 春節 춘절

春节是中国的传统节日。

춘절은 중국의 전통 명절이다.

词典 – 詞典 사전

我有现代汉语词典。

나는 현대 한어 사전을 가지고 있다.

大多数 – 大多數대다수

我们班大多数都是女生。

우리 반의 대다수는 여학생이다.

大人 – 大人대인

大人门票是30元。

대인의 입장표는 30원이다.

大门 – 大門대문

在我们家大门前边儿见吧。

우리집 대문 앞에서 만나자.

大自然 – 大自然대자연

这就是大自然的风景。

이것이 바로 대자연의 풍경이다.

当时 – 當時당시

当时我还小。

당시 나는 아직 어렸다.

到处 – 到處도처

图书馆里到处都是看书的人。

도서관 안 도처마다 책 보는 사람들이 있다.

道理 – 道理도리

这句话有道理。

이 말은 도리에 맞다.

度 – 度도

今天气温38度。

오늘 기온은 38도이다.

地球 – 地球지구

我们生活在地球上。

우리는 지구에 산다.

东北 – 東北동북

他是东北人。

그는 동북 지역 사람이다.

东方 – 東方동방

他在东方航空公司工作。

그는 동방 항공 회사에 일한다.

东南 – 東南동남

福建省在中国的东南地区。

복건성은 중국의 동남 지역에 있다.

动物 – 動物동물

他很喜欢小动物。

그는 작은 동물을 좋아한다.

动物园 – 動物園동물원

我昨天去动物园了。

나는 어제 동물원에 갔다 왔다.

队长 – 隊長대장

队长的个子很高。

대장의 키는 매우 크다.

对话 – 對話대화

他们的对话很有意思。

그들의 대화는 매우 재미있다.

多数 – 多數다수

我们班多数人都喜欢他。

우리 반 다수는 그를 좋아한다.

方法 – 方法방법

这是一个好方法。

이것은 좋은 방법이다.

方面 – 方面방면

他在很多方面都很优秀。

그는 각 방면에 모두 뛰어나다.

方向 – 方向방향

请往这个方向走。

이쪽 방향으로 가세요.

公园 – 公園공원

这个公园非常美。

이 공원은 매우 아름답다.

顾客 – 顧客고객

这家店顾客不多。

이 가게는 고객이 많지 않다.

观点 – 觀点관점

我同意你的观点。

나는 당신의 관점에 동의한다.

广场 – 廣場광장

中央广场很大。

중앙 광장은 매우 넓다.

广告 – 廣告광고

地铁里能看到各种广告。

전철 안에 광고가 많이 보인다.

国际 – 國際 국제

仁川国际机场人很多。

인천 국제 공항에는 사람이 많다.

海边 – 海邊 해변

这周末我们要去海边玩儿。

이번 주말에 우리는 해변에 놀러 가려고 한다.

黑色 – 黑色 흑색

朴美晶喜欢黑色的衣服。

박미정은 검은색(흑색) 옷을 좋아한다.

红色 – 紅色 홍색

中国人喜欢红色。

중국인은 붉은색(홍색)을 좋아한다.

画家 – 畫家 화가

他的妈妈是一个画家。

그의 어머니는 화가이다.

活动 – 活動활동

以上是这次活动的主要内容。

이상은 이번 활동의 주요 내용입니다.

机会 – 機會기회

这是一个好机会。

이것은 좋은 기회이다.

计划 – 計劃계획

他计划明年去中国。

그는 내년에 중국에 가기로 계획하였다.

家庭 – 家庭가정

家庭幸福最重要。

가정의 행복이 가장 중요하다.

检查 – 檢查검사

你再检查一下吧。

검사를 다시 한 번 해 보세요.

交通 – 交通교통

这里的交通很方便。

여기 교통은 매우 편리하다.

角度 – 角度각도

这个角度拍照片更漂亮。

이 각도로 찍은 사진이 더 아름답다.

饺子 – 餃子교자

这家饭店的饺子很好吃。

이 가게의 교자는 아주 맛있다.

教学 – 教學교학

王老师的教学方法很好。

왕 선생님의 교학 방법이 좋다.

教育 – 教育교육

基础教育很重要。

기초 교육은 매우 중요하다.

结果 – 結果 결과

考试的结果出来了。

시험 결과가 나왔다.

科学 – 科學 과학

我们要相信科学。

우리는 과학을 믿어야 한다.

空气 – 空氣 공기

这个地方的空气很干净。

이곳의 공기는 매우 깨끗하다.

老年 – 老年 노년

老年人口越来越多。

노년 인구는 점점 많아진다.

蓝色 – 藍色 남색

民浩今天穿了一件蓝色的T恤。

민호는 오늘 남색 티셔츠를 입었다.

💡 중국어의 '蓝色'는 사용 범위가 더 넓고,
한국어의 '남색'뿐 아니라 '파란색'의 의미를 포함한다.

理想 – 理想이상

金民秀的理想是做一名老师。

김민수의 이상은 선생님이 되는 것이다.

零下 – 零下영하

现在是零下32度。

지금은 영하 32도이다.

留学生 – 留學生유학생

他们都是留学生。

그들은 모두 유학생이다.

绿色 – 綠色녹색

绿色的草地很漂亮。

초록(녹색)의 잔디밭이 매우 아름답다.

名称 – 名稱명칭

CocaCola的中文名称是可口可乐。

코카콜라의 중국어 명칭은‘가구가락(可口可乐)’이다.

名单 – 名單 명단

这是我们班学生名单。

이것은 우리 반 학생 명단이다.

目的 – 目的 목적

你这么做的目的是什么？

이렇게 한 당신의 목적은 무엇인가요?

南方 – 南方 남방

中国南方很少下雪。

중국 남방 지역에는 눈이 드물게 내린다.

难题 – 難題 난제

这个难题终于解决了。

이 난제는 겨우 해결되었다.

平等 – 平等 평등

现在是男女平等的社会。

지금은 남녀평등의 사회다.

其他 – 其他기타

其他要注意的地方很多。

기타 주의해야 할 부분이 많다.

气温 – 氣溫기온

今天的最高气温有40度。

오늘의 최고 기온은 40도이다.

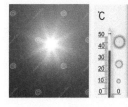

青年 – 青年청년

青年是国家的未来。

청년은 국가의 미래다.

青少年 – 青少年청소년

他在青少年书法比赛中得了一等奖。

이번 경기는 청소년만 접수 가능하다.

全部 – 全部전부

这是我全部的财产。

이것은 내 전부 재산이다.

全国 - 全國전국

今天全国各地区都有雨。

오늘은 전국에 걸쳐 비가 내리겠습니다.

全身 - 全身전신

你做个全身按摩吧。

전신 마사지 받아보세요.

全体 - 全體전체

全体老师都参加了这次会议。

선생님 전체가 이번 회의에 모두 참석하였다.

人口 - 人口인구

中国的人口有14亿。

중국의 인구는 14억에 달한다.

日报 - 日報일보

他手上拿着一份《世界日报》。

그는 「세계일보」한 부를 손에 들고 있다.

入口 – 入口입구

在停车场入口见吧。

주차장 입구에서 보자.

商人 – 商人상인

他是一个商人。

그는 상인이다.

少年 – 少年소년

他还是个15岁的少年。

그는 아직 15살 소년이야.

少数 – 少數소수

中国有55个少数民族。

중국에는 55개 소수민족이 있다.

生活 – 生活생활

朴美晶很喜欢这里的生活。

박미정은 여기의 생활을 너무 좋아한다.

省 - 省성

广东省的省会是广州。

광동성의 수도는 광주이다.

市长 - 市長시장

这位新市长很年轻。

새 시장은 아주 젊다.

收入 - 收入수입

我想有一份收入高的工作。

나는 수입이 높은 일자리를 얻고 싶다.

数字 - 數字숫자

今天要学习数字1到10.

오늘은 숫자 1부터 10까지 배우겠습니다.

太阳 - 太陽태양

今天太阳这么好，出去散散步吧。

오늘은 태양(햇빛)이 이렇게 좋으니 산책하러 갑시다.

态度 – 態度태도

韩国人的服务态度很好。

한국인의 서비스 태도는 친절한 편이다.

体育馆 – 體育館체육관

我们要去体育馆打篮球。

우리는 농구 하러 체육관에 가려고 한다.

体育 – 體育체육

明天有体育课。

내일 체육 수업이 있다.

条件 – 條件조건

这里的气候条件很好。

여기 기후 조건은 매우 좋다.

铁路 – 鐵路철로

我家附近有条铁路。

우리 집 근처에는 철로가 하나 있다.

同时 – 同時동시

他在学汉语，同时也在学英语。

그는 중국어를 배우는 동시에 영어도 같이 배운다.

头发 – 頭髮두발

我上大学时把头发剪短了。

나는 대학교에 입학하면서 두발을 짧게 잘랐다.

💡 중국어에서는 头发은 의미 범위 넓다. '파마', '머리 자르다'에 사용이 가능하다.

晚餐 – 晚餐만찬

我为朋友们准备了晚餐。

나는 친구들을 위해 만찬을 준비했다.

温度 – 溫度온도

房间温度怎么这么低？太冷了。

방 온도가 왜 이렇게 낮니? 너무 춥다.

午餐 – 午餐오찬

午餐时间是12点到1点。

오찬 시간은 12시부터 1시까지이다.

问题 – 問題 문제

这个问题该怎么解决呢？

이 문제는 어떻게 해결해야 하나?

武术 – 武術 무술

儿子说想学中国武术。

아들은 중국 무술을 배우고 싶다고 말하였다.

西方 – 西方 서방

西方的文化技术流入东方。

서방의 문화 기술이 동방으로 유입되고 있다.

西南 – 西南 서남

云南在中国的西南地区。

운남성은 중국의 서남쪽에 있다.

想起 – 想起 상기

这首歌让我想起了大学生活。

이 노래가 나의 대학 생활을 상기시켰다.

小说 – 小說소설

我很喜欢中国古代小说

나는 중국 고대 소설을 아주 좋아한다.

行动 – 行動행동

我们按他说的行动。

우리는 그가 말한대로 행동한다.

行人 – 行人행인

她向行人问路。

그녀가 행인에게 길을 물었다.

行为 – 行爲행위

这样的行为是不礼貌的。

이런 행위는 예의에 어긋난 것이다.

姓名 – 姓名성명

请在这里写上你的姓名。

여기에 당신의 성명을 기입하세요.

学期 – 學期 학기

第一学期开始了。

1학기가 시작되었다.

药 – 藥 약

我今天买了很多药。

나는 오늘 약을 많이 샀다.

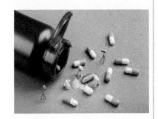

要求 – 要求 요구

你有什么要求吗？

당신은 어떤 요구 사항이 있나요?

一部分 – 一部分 일부분

语言是文化的一部分。

언어는 문화의 일부분이다.

一生 – 一生 일생

祝你一生平安。

일생 동안 평안하기를 바란다.

以后 – 以後이후

10年以后，他又回到了故乡。

10년 이후, 그가 다시 고향에 돌아왔다.

以前 – 以前이전

这本书我以前从未见过。

나는 이 책을 이전에 본 적이 없다.

以上 – 以上이상

20岁以上的人可以参加这个活动。

20세 이상은 이 행사에 참여할 수 있다.

以外 – 以外이외

除了学生以外，其他人不能进入。

학생 이외의 다른 사람은 들어갈 수가 없다.

以下 – 以下이하

18岁以下的未成年人不能进酒吧。

18살 이하의 미성년자는 술집에 들어갈 수 없다.

椅子 – 椅子 의자

请坐这椅子等一会儿。

이 의자에 앉아 좀 쉬세요.

音节 – 音節 음절

这个单词的第一个音节要重读。

이 단어의 첫 음절에 강세를 넣어 읽어야 한다.

音乐会 – 音樂會 음악회

我们明天去听音乐会。

우리는 내일 음악회에 간다.

音乐 – 音樂 음악

金民秀很喜欢音乐。

김민수는 음악을 매우 좋아한다.

银行 – 銀行 은행

这里有中国工商银行。

여기에 중국공상은행이 있다.

英文 – 英文영문

这是一本英文词典。

이것은 영문 사전이다.

英语 – 英語영어

那孩子最近在学英语。

저 아이는 요즘 영어를 공부한다.

影响 – 影響영향

父母对孩子的影响很大。

아이는 부모의 영향을 많이 받는다.

原因 – 原因원인

你知道他没来的原因吗？

그가 오지 않은 원인을 아세요?

院长 – 院長원장

这位是我们的院长。

이분이 우리 원장이다.

> 중국어의 '院长'은 한국어에서 '학장'의 뜻도 있다.

运动 – 運動운동

张丽每周六都运动。

장려는 매주 토요일마다 운동을 한다.

中级 – 中級중급

我这学期选了中级汉语课。

나는 이번 학기에 중급 중국어를 선택했다.

中年 – 中年중년

她喜欢上了一个中年男子。

그 여자는 한 중년 남자를 좋아하게 되었다.

重点 – 重點중점

同济大学是全国重点大学。

동제대학교는 국가중점대학교이다.

周末 – 週末주말

周末你想去哪儿玩儿？

주말에 너는 어디로 놀러 가고 싶니?

周年 – 周年주년

我和男朋友认识一周年了。

나와 남자 친구는 만난지 1주년이 되었다.

主人 – 主人주인

小狗给主人带来了很多快乐。

강아지는 주인에게 많은 즐거움을 주었다.

自由 – 自由자유

这里的生活很自由。

여기의 생활은 되게 자유롭다.

组长 – 組長조장

他是我们组的组长。

그는 우리 조의 조장이다.

作用 – 作用작용

大多数药对人体都有副作用。

대다수 약은 인체에 부작용이 있다.

最近 – 最近최근

最近天气很热。

최근 날씨가 매우 덥다.

作家 – 作家작가

他是一个作家。

그가 작가이다.

作文 – 作文작문

他在本次作文大赛中得了第一名。

그는 이번 작문 대회에서 1등을 했다.

桌子 – 卓子탁자

桌子上有个茶杯。

탁자 위에 찻잔이 있다.

01 명사

3급

报道 – 報道 보도

他看了今天的新闻报道。

그는 오늘의 신문보도를 읽었다.

必然 – 必然 필연

这是历史发展的必然。

이것은 역사 발전의 필연이다.

标题 – 標題 표제

请读一下这篇报道的标题。

이 보도의 표제를 읽어보아라.

才能 – 才能 재능

他是位很有才能的作家。

그는 재능이 있는 작가이다.

场所 – 場所 장소

这里是学生活动的场所。

이곳은 학생들의 활동 장소이다.

成果 – 成果 성과

金民秀取得了巨大的成果。

김민수는 큰 성과를 취득하였다.

程度 – 程度 정도

现在还没有到最冷的程度。

지금 아직 가장 추운 정도는 아니다.

初级 – 初級 초급

他是初级班的学生。

그는 초급반 학생이다.

出口 – 出口 출구

出口在前面。

앞쪽에 출구가 있다.

大使馆 – 大使館 대사관

明天我要去大使馆。

내일 나는 대사관에 가려고 한다.

代表 – 代表 대표

他是我们班的学生代表。

그는 우리 반 학생 대표이다.

代表团 – 代表團 대표단

中国代表团开始入场了。

중국 대표단이 입장을 시작했다.

地区 – 地區 지구

这里被定为再开发地区。

여기는 재개발 지구로 지정되었다.

读者 – 讀者 독자

这位作家收到了很多读者的来信。

이 작가는 독자들의 편지를 많이 받았다.

短期 – 短期단기

明珠申请了去中国的短期留学。

명주는 중국 단기 유학을 신청했다.

反应 – 反應반응

我说什么他都没有反应。

내가 뭘 하든지 간에 그는 반응이 없다.

范围 – 範圍범위

你知道这次考试的范围吗？

너 이번 시험 범위 알고 있니?

方式 – 方式방식

每个人的生活方式都不同。

사람들의 생활 방식은 모두 다르다.

费用 – 費用비용

这次旅行的费用是多少？

이번 여행 비용은 얼마예요?

服装 – 服裝복장

韩国的传统服装很漂亮。

한국의 전통 복장은 아주 아름답다.

福 – 福복

门上有个"福"字。

문에 '복福'자가 하나 있다.

父母 – 父母부모

我的父母很爱我。

내 부모는 나를 아주 사랑한다.

概念 – 概念개념

你学过这个概念吗？

이 개념을 배운 적이 있나요?

感情 – 感情감정

他们俩的感情很好。

그 둘은 좋은 감정을 가지고 있다.

高速 – 高速 고속

高速公路上有很多车。

고속도로에 차가 많다.

歌手 – 歌手 가수

这个歌手很有名。

이 가수는 아주 유명하다.

个人 – 個人 개인

这是我个人的事情。

이것은 내 개인적인 일이다.

个性 – 個性 개성

他是一个有个性的人。

그는 개성 있는 사람이다.

各地 – 各地 각지

我们班的留学生来自世界各地。

우리 반 유학생들은 세계 각지에서 왔다.

工厂 - 工廠 공장

这是一家服装工厂。

여기는 의류 공장이다.

工业 - 工業 공업

工业社会有什么特点？

공업 사회는 무슨 특징이 있나요?

公共 - 公共 공공

这里是公共场所。

여기는 공공 장소이다.

公务员 - 公務員 공무원

他今年参加了公务员考试。

그는 올해 공무원 시험을 쳤다.

古代 - 古代 고대

李白是中国古代有名的诗人。

이백은 중국 고대의 유명한 시인이다.

故乡 – 故鄕 고향

苏州是我的故乡。

소주는 내 고향이다.

观念 – 觀念 관념

我和父母的观念不同。

나와 부모님의 관념은 서로 다르다.

观众 – 觀衆 관중

今天的比赛来了很多观众。

오늘 시합에 많은 관중이 왔다.

规定 – 規定 규정

这是我们学校新的规定。

이것은 우리 학교의 새 규정이다.

国内 – 國內 국내

我明天开始回国内休假。

나는 내일부터 국내로 휴가를 갑니다.

过程 – 過程과정

学习汉语的过程很快乐。

중국어를 공부하는 과정은 아주 즐겁다.

合作 – 合作합작

中韩合作拍摄了这部电影。

한중 합작으로 이 영화를 찍었다.

红茶 – 紅茶홍차

你想喝红茶还是绿茶？

당신은 홍차를 마시고 싶어요? 아니면 녹차를 마시고 싶어요?

话题 – 話題화제

我和他总是有聊不完的话题。

그와 이야기하면, 화제가 늘 끊이지 않는다.

环境 – 環境환경

这家咖啡厅环境很好。

이 커피숍의 환경은 아주 좋다.

会议 – 會議 회의

他们正在开教学会议。

그들은 교수법 회의를 하고 있다.

会员 – 會員 회원

智贤注册了网站会员。

지현이는 웹 사이트 회원 가입을 했다.

纪念 – 紀念 기념

我们拍个纪念照吧。

이 사진을 너에게 기념으로 줄게.

基础 – 基礎 기초

他的汉语基础不太好。

그의 중국어 기초는 그다지 좋지 않다.

记者 – 記者 기자

她是新闻记者。

그 여자는 뉴스 기자이다.

技术 – 技術기술

他对科学技术感兴趣。

그는 과학 기술에 관심이 있다.

家具 – 家具가구

我喜欢宜家家具。

나는 이케아의 가구를 좋아한다.

价格 – 價格가격

这家店的奶茶价格很贵。

이 가게의 밀크티는 가격이 매우 비싸다.

价值 – 價值가치

我们要做一些有价值的事情。

우리는 가치가 있는 일을 해야 한다.

将来 – 將來장래

我将来想去中国留学。

저는 장래에 중국 유학을 가고 싶습니다.

教材 – 教材 교재

你这门课的教材买好了吗？

너는 이 수업 교재를 사 놓았니?

进展 – 進展 진전

我最近工作没有什么进展。

저는 요즘 하는 일에 어떠한 진전도 없습니다.

京剧 – 京劇 경극

崔智贤会唱京剧。

최지현은 경극을 부를 줄 안다.

经济 – 經濟 경제

他的专业是经济学。

그의 전공은 경제학이다.

经验 – 經驗 경험

我们学校新来了一位很有经验的老师。

우리 학교에 경험 많은 선생님이 한 명 새로 왔다.

警察 – 警察경찰

他毕业后想当警察。

그는 졸업 후 경찰이 되고 싶어 한다.

剧场 – 劇場극장

我们学校有个很大的剧场。

우리 학교에는 큰 극장이 하나 있다.

决心 – 決心결심

他下决心这学期要博士毕业。

그는 이번 학기에 박사를 졸업하기로 결심했다.

理论 – 理論이론

理论和实践都很重要。

이론과 실천은 모두 중요하다.

理由 – 理由이유

请在这里写上申请的理由。

신청하는 이유를 여기에 쓰세요.

连续剧 – 連續劇 연속극

美晶很喜欢看周末电视剧。

미정이는 주말 연속극 보는 것을 좋아한다.

 연속극은 보통 '드라마'라 한다.

龙 – 龍 용

他是属龙的。

그는 용띠이다.

路线 – 路線 노선

我们今天走哪条上山路线？

우리 오늘은 어떤 노선으로 등산 갈까?

旅馆 – 旅館 여관

这家旅馆又干净又便宜。

이 여관은 깨끗하면서 저렴하다.

旅行社 – 旅行社 여행사

他在旅行社工作。

그는 여행사에서 일한다.

绿茶 – 綠茶녹차

这是今年新出的绿茶。

이것은 올해 나온 녹차이다.

媒体 – 媒體매체

大众媒体都包括什么？

대중 매체에는 무엇이 포함되어 있습니까?

美术 – 美術미술

他是美术专业的学生。

그는 미술을 전공하는 학생이다.

面积 – 面積면적

这房子的面积有120平方米。

이 집 면적은 120제곱미터이다.

民间 – 民間민간

这是一种民间艺术。

이것은 일종의 민간 예술이다.

民族 – 民族민족

中国有56个民族。

중국에는 56개의 민족이 있다.

母亲 – 母親모친

我母亲今年九十岁了。

내 모친은 올해 90세이시다.

目标 – 目標목표

自由和快乐是我的人生目标。

자유와 즐거움이 내 인생의 목표이다.

南部 – 南部남부

广东省在中国南部。

광둥성은 중국의 남부 지역에 있다.

内容 – 內容내용

请复习今天的学习内容。

오늘 배운 내용을 복습하세요.

能力 – 能力능력

他工作能力很强。

그는 업무 능력이 뛰어나다.

农村 – 農村농촌

我的父母住在农村。

우리 부모님은 농촌에 사신다.

农民 – 農民농민

农民的收入越来越高。

농민의 수입이 갈수록 많아진다.

农业 – 農業농업

中国农业人口有多少？

중국의 농업 종사 인구는 얼마예요?

气候 – 氣候기후

气候变化很快。

기후가 빠르게 변한다.

缺点 – 缺點결점

他有很多缺点。

그는 결점이 많다.

人才 – 人才인재

他是我们需要的人才。

그는 우리에게 필요한 인재다.

人工 – 人工인공

这个湖是人工湖。

이 호수는 인공호수다.

人类 – 人類인류

一万年以后的人类会是什么样？

만 년 후 인류는 어떻게 될 것인가?

人生 – 人生인생

人生很短也很长。

인생은 짧기도 하고 길기도 하다.

任务 – 任務임무

他很早就完成了今天的任务。

그는 일찍이 오늘의 임무를 완성했다.

日常 – 日常일상

日常生活中她很少化妆。

그녀는 일상생활 중에는 화장을 잘 안 한다.

商品 – 商品상품

这家超市有各种各样的商品。

이 슈퍼에 여러가지 상품이 있다.

商业 – 商業상업

地铁里不能进行商业活动。

전철에서는 상업적인 활동을 할 수 없습니다.

上衣 – 上衣상의

这件上衣的颜色很好看。

이 상의 색깔이 매우 예쁘다.

设备 – 設備 설비

我们公司最近买了很多电脑设备。

우리 회사는 최근에 많은 컴퓨터 설비를 구입했다.

社会 – 社會 사회

他大学毕业后进入了社会。

그는 대학교를 졸업하고 사회에 진출했다.

生命 – 生命 생명

生命只有一次。

생명은 하나뿐이다.

石油 – 石油 석유

这个国家大量出口石油。

이 국가는 석유를 대량 수출한다.

时代 – 時代 시대

现在是信息时代。

오늘날은 정보 통신의 시대이다.

实力 - 實力실력

他是一个很有实力的演员。

그는 매우 실력이 있는 배우다.

实验室 - 實驗室실험실

我们实验室有很多新设备。

우리 실험실에는 새 설비가 많다.

食品 - 食品식품

学校附近有一家大型食品店。

학교 근처에 대형 식품점이 있다.

世纪 - 世紀세기

我朋友出生于20世纪末。

내 친구는 20세기 말에 태어났다.

世界 - 世界세계

世界很大, 想去的地方很多。

세계는 매우 넓어서 가보고 싶은 곳이 많아.

市场 – 市場시장

这个产品已经进入了外国市场。

이 제품은 이미 외국 시장에 진출했다.

事件 – 事件사건

这一事件对当地发展有很大影响。

이 사건은 그 지역 발전에 큰 영향을 끼쳤다.

首都 – 首都수도

北京是中国的首都。

북경은 중국의 수도이다.

数量 – 數量수량

查了一下仓库，发现产品数量不够。

창고를 조사해 보니 제품의 수량이 모자란다.

双方 – 雙方쌍방

双方对这件事都表示同意。

쌍방 모두가 이 일에 동의한다.

思想 – 思想 사상

她是一位有独立思想的女性。

그녀는 독립적인 사상을 가진 여성이다.

速度 – 速度 속도

高铁比一般火车速度快。

고속기차는 일반 기차보다 속도가 빠르다.

所长 – 所長 소장

他是我们研究所所长。

그는 우리 연구소의 소장이다.

特色 – 特色 특색

这件衣服很有民族特色。

이 옷은 민족의 특색을 담고 있다.

题目 – 題目 제목

这次HSK六级写作题目很难。

이번 HSK 6급 작문 제목은 매우 어렵다.

听众 – 聽衆청중

台下坐满了听众。

좌석에 많은 청중들이 앉아 있다.

团体 – 團體단체

这次比赛我们得了团体第一名。

이번 대회에서 우리가 단체 1위를 했어요.

外交 – 外交외교

1992年中韩建立了正式的外交关系。

1992년 한중은 공식적인 외교 관계를 수립하였다.

玩具 – 玩具완구

儿童节很多父母都给孩子买玩具。

어린이날에 많은 부모님들이 아이들에게 완구를 사준다.

文学 – 文學문학

他读过很多鲁迅的文学作品。

그는 노신의 문학 작품을 많이 읽었다.

武器 – 武器무기

这是一种新型武器。

이것은 신형 무기이다.

武术 – 武術무술

他从小跟着爷爷练武术。

그는 어려서부터 할아버지를 따라 무술을 연습했다.

舞台 – 舞臺무대

舞台上正在进行扇子舞表演。

무대에서는 부채춤 공연을 하고 있다.

西部 – 西部서부

我想去中国西部旅行。

나는 중국 서부 지역을 여행하고 싶다.

现代 – 現代현대

他的专业是现代文学。

그는 현대 문학 전공이다.

现金 – 現金 현금

现在在中国很少用现金支付。

요즘 중국에서 현금 지불은 드물다.

现实 – 現實 현실

我们要努力把理想变为现实。

우리는 이상을 현실로 바꾸기 위해 노력해야 합니다.

现象 – 現象 현상

看问题不能只看表面现象。

문제를 볼 때 표면적인 현상만 보아서는 안 된다.

消息 – 消息 소식

我有一个好消息要告诉你。

너에게 알려줄 좋은 소식이 있다.

效果 – 效果 효과

这种新产品的减肥效果很好。

이 신제품의 다이어트 효과는 아주 좋습니다.

形式 – 形式형식

学生们喜欢形式多样的教学方式。

학생들은 형식이 다양한 교수 방식을 좋아한다.

形状 – 形狀형상

这个容器的形状很特别。

이 용기는 형상이 아주 특별하다.

性别 – 性別성별

我们班的男女性别比例为8比2。

우리반의 남녀성별 비율은 8대2이다.

性格 – 性格성격

性格可能会决定他的命运。

성격이 그의 운명을 결정할 수도 있다.

学费 – 學費학비

私立大学的学费很贵。

사립대는 학비가 비싸다.

艺术 – 藝術예술

京剧是中国的传统艺术。

경극은 중국의 전통 예술이다.

意义 – 意義의의

这份工作对我有很重要的意义。

이 일은 나에게 아주 중요한 의의가 있는 일이다.

印象 – 印象인상

我对他的第一印象不错。

그는 나에게 좋은 첫 인상을 남겼다.

营养 – 營養영양

这种水果的营养丰富。

이런 과일은 영양가가 풍부하다.

预报 – 豫報예보

天气预报说明天下雨。

일기 예보에 의하면 내일은 비가 온다고 한다.

杂志 – 雜誌잡지

我家里有很多艺术杂志。

우리 집에는 잡지가 많이 있다.

责任 – 責任책임

这件事你也有责任。

이 일은 너에게도 책임이 있다.

长城 – 長城장성

我还没去过长城。

나는 아직 만리장성에 가보지 못했다.

长期 – 長期장기

我跟这家公司签了长期合同。

나는 이 회사와 장기 계약을 하였다.

证据 – 證據증거

用 证据 说话

你这么说有什么证据？

너가 이렇게 말하는 무슨 증거가 있니?

制度 – 制度제도

我们公司刚制定了一个新的制度。

우리 회사는 방금 새로운 제도를 제정하였습니다.

中部 – 中部중부

武汉位于中国的中部。

무한은 중국의 중부에 위치한다.

周围 – 周圍주위

学校周围有很多快餐店。

학교 주위에는 패스트푸드점이 많다.

主任 – 主任주임

他是学校办公室主任。

그는 학교 사무실 주임이다.

状况 – 狀況상황

他身体状况最近不太好。

그는 요즘 몸 상태가 별로 안 좋다.

状态 – 狀態 상태

失恋后他的心理状态很不好。

실연 후 그의 심리 상태는 좋지 못하다.

资格 – 資格 자격

他被取消了考试资格。

그는 시험 자격이 취소되었다.

资金 – 資金 자금

要想做成这件事，需要大量资金。

이 일을 성사시키려면 많은 자금이 필요합니다.

子女 – 子女 자녀

他是独居老人，子女不在身边。

그는 독거 노인으로 자녀가 곁에 없다.

自然 – 自然 자연

我们应该保护好自然环境。

우리는 자연 환경을 잘 보호해야 한다.

自身 – 自身 자신

他通过自身的努力取得了成功。

그는 자신의 노력으로 성공을 거두었다.

作品 – 作品 작품

这是一部非常优秀的艺术作品。

이것은 매우 훌륭한 예술 작품이다.

现场 – 現場 현장

事故发生时我不在现场。

사고가 발생했을 때 나는 현장에 없었다.

生存 – 生存 생존

人类的生存离不开空气和水。

공기와 물은 인류가 생존하는 데 있어 필수 불가결한 조건이다.

卫生 – 衛生 위생

保持个人卫生可以有效预防感冒等疾病。

개인 위생을 지키면 감기 등의 질병을 예방할 수 있다.

02 다른 품사

1급

八 – 八팔

七加一等于八。

7 더하기 1은 8.

百 – 百백

我奶奶是百岁老人。

우리 할머니는 백세 노인이시다.

起床 – 起牀기상

我每天早上6点起床。

나는 매일 아침 6시에 기상한다.

下车 – 下車하차

北京站到了，请下车。

북경역에 도착했으니, 하차하세요.

休息 – 休息휴식

我们休息10分钟。

우리 10분간 휴식해요.

学习 – 學習학습

最近爸爸在学习英语。

요즘 아버지는 영어 학습 중이시다.

有名 – 有名유명

这个歌手在韩国很有名。

이 가수는 한국에서 유명하다.

重要 – 重要중요

这次考试很重要。

이번 시험은 아주 중요해.

准备 – 準備준비

金民秀在准备HSK考试。

김민수가 HSK시험 준비를 하고 있다.

安全 – 安全안전

这里车很多, 请注意安全。

여기는 차가 많으니 안전에 주의하세요.

表示 – 表示표시

大家对他的到来表示欢迎。

모두들 그가 온 것에 대해 환영을 표(시)하였다.

不满 – 不滿불만

我对他的表现很不满。

나는 그의 행동에 불만이 많다.

参加 – 参加참가

我昨天参加了一场文化活动。

나는 어제 문화 활동에 참가했다.

层 – 層층

上海中心大厦有128层。

상해 센트럴빌딩은 128층이다.

常用 – 常用상용

这个单词很常用。

이 단어는 상용 단어이다.

超过 – 超過초과

这个地方的人均预期寿命超过了90岁。

이곳은 1인당 평균 기대 수명이 90세 넘었다.

出发 – 出發출발

明天早上8点出发。

내일 아침에 8시에 출발한다.

出国 – 出國출국

你什么时候出国？

너 언제 출국해?

出生 - 出生출생

我是4月出生的。

나는 4월에 출생하였다.

出现 - 出现출현

地球上最早的生命出现在哪里？

지구 최초의 생명은 어디에서 출현했을까?

大部分 - 大部分대부분

大部分学生都到了。

학생 대부분이 도착하였다.

大量 - 大量대량

他买了大量的汉语书。

그는 중국어책을 대량으로 구입했다.

大声 - 大聲대성

听到这个消息他大声痛哭。

이 소식을 듣고 그는 대성 통곡하였다.

复习 – 復習복습

我们来复习一下昨天的课文。

우리 어제 본문을 복습해봅시다.

改变 – 改變개변

我家乡的面貌有了很大的改变。

나의 고향 모습은 완전히 개변되었다.

> 💡 중국어의 '改变'의 사용 범위는 더 넓으며,
> 한국어의 '개변'은 주로 문어체로 사용한다.

高级 – 高級고급

这辆车看起来好高级。

이 차는 매우 고급스러워 보인다.

感动 – 感動감동

他的故事感动了大家。

그의 이야기는 듣고 다들 매우 감동했다.

感谢 – 感謝감사

非常感谢大家。

여러분께 진심으로 감사드립니다.

干杯 – 乾杯건배

干杯！都喝了吧。

건배! 모두 원샷합시다!

公平 – 公平공평

老师对每个学生都很公平。

선생님은 모든 학생에게 공평하게 대한다.

故意 – 故意고의

你是故意这样做的吧？

너 고의로 이렇게 했지?

关心 – 關心관심

谢谢大家的关心。

여러분의 관심에 감사합니다.

欢迎 – 歡迎환영

上海欢迎你！

상해에 오신 것을 환영합니다!

级 – 级급

新HSK考试有几级？

신HSK 시험은 몇 급이 있습니까?

教师 – 教師교사

她大学毕业后做了小学教师。

그녀는 대학 졸업 후 초등학교 교사가 되었다.

💡 중국어의 '教师'는 대학교에서 학생을 가르치는 사람도 가리킬 수 있다.

健康 – 健康건강

祝老师身体健康。

선생님 건강하세요.

进入 – 進入진입

考试时不能带手机进入考场。

시험 볼 때 휴대폰을 소지하고 시험장에 진입할 수 없습니다.

进行 – 進行진행

现在正在进行足球比赛。

지금 축구 시합이 진행 중이다.

举行 – 擧行 거행

2008年奥运会在北京举行。

2008년 올림픽이 북경에서 거행되다.

开学 – 開學 개학

学校什么时候开学？

학교는 언제 개학하니?

练习 – 練習 연습

他每天放学后都练习画画儿。

그는 매일 하교 후에 그림 그리기를 연습한다.

流行 – 流行 유행

这首歌儿最近很流行。

이 노래는 요새 되게 유행한다.

旅行 – 旅行 여행

你暑假去哪儿旅行了？

너는 여름 방학에 어디로 여행 갔었어?

努力 – 努力노력

王明学习很努力。

왕명은 공부를 열심히 한다.

篇 – 篇편

寒假我看了两篇小说。

겨울 방학에 나는 소설 두 편을 읽었다.

平安 – 平安평안

祝您一路平安。

오고 가는 길이 평안하시길 바랍니다.

实习 – 實習실습

我在三星公司实习了两个月。

나는 삼성기업에서 2개월 동안 실습했다.

实现 – 實現실현

他实现了自己当老师的理想。

그는 선생님이 되는 자기의 이상을 실현했다.

使用 – 使用사용

大卫，你会使用筷子吗？

대위야, 너 젓가락 사용할 줄 알아?

随时 – 隨時수시(로)

有问题可以随时联系我。

문제가 있으면 수시로(언제든) 연락해도 돼.

讨论 – 討論토론

这个问题我们一起讨论过了。

이 문제를 우리는 함께 토론했습니다.

特别 – 特別특별

我特别喜欢看美国电影。

나는 미국 영화를 특별히 좋아한다.

通知 – 通知통지

你收到明天开会的通知了吗？

당신은 내일 회의한다는 통지를 받았습니까?

完成 – 完成완성

我昨天生病了, 作业没完成。

나는 어제 아파서 숙제를 완성하지 못했다.

完全 – 完全완전(히)

这件事我完全不知道。

이 일은 내가 완전히 모르는 일이다.

万 – 萬만

我们大学有三万多名学生。

우리 학교에는 3만 명 학생이 있다.

相同 – 相同상동

这两个词的概念相同。

이 두 단어의 개념이 상동하다.

亿 – 億억

这个国家有五亿人口。

이 국가에는 5억의 인구가 있다.

永远 – 永遠 영원(히)

我想永远和你在一起。

나는 영원히 너와 같이 있고 싶어.

友好 – 友好 우호적

他对我们非常友好。

그는 우리에게 매우 우호적이다.

正常 – 正常 정상적

他的表现很不正常。

그의 행동은 매우 비정상적이다.

正确 – 正確 정확

民秀的回答是正确的。

민수의 대답이 정확하다.

重视 – 重視 중시

我们学校很重视这个问题。

우리 학교는 이 문제를 아주 중시한다.

主要 - 主要주요

我来中国的主要目的是学汉语。

내가 중국에 온 주요 목적은 중국어 공부이다.

02 다른 품사

保存 – 保存보존

国家图书馆里保存了很多古代地图。

국립중앙도서관에는 많은 고대 지도가 보존되어 있습니다.

保护 – 保護보호

保护环境，人人有责。

환경을 보호하는 것은 사람마다 책임이 있다.

报告 – 報告보고

王老师向校长报告了那件事。

왕 선생님은 교장에게 그 일을 보고했다.

比较 – 比較비교

这个语法比较难。

이 문법은 비교적 어렵다.

变化 – 變化변화

最近天气变化很快。

요즘 날씨 변화가 빠르다.

表明 – 表明표명

我已经向他们表明了态度。

나는 이미 그들에게 태도를 표명했다.

补充 – 補充보충

你最近很辛苦，需要补充营养。

너는 요즘 매우 고생해서 영향 보충이 필요해.

不安 – 不安불안

听了他的话，我很不安。

그의 말을 듣고 나는 매우 불안했다.

不断 – 不斷부단

我还差得远呢，需要不断提高自己。

저는 아직 멀었으니, 제 자신을 부단히 향상시켜야 합니다.

成功 – 成功 성공

失败是成功之母。

실패는 성공의 어머니이다.

成熟 – 成熟 성숙

他看上去很成熟。

그는 성숙해 보인다.

持续 – 持續 지속

这场大雪已经持续下了三天。

이번 대설은 벌써 3일 동안 지속되어 내리고 있다.

充满 – 充滿 충만

孩子让她充满了希望。

그녀는 아이로 하여금 희망이 충만하다.

处理 – 處理 처리

这件事怎么处理呢？

이 일을 어떻게 처리하지?

传播 – 傳播전파

新冠的传播速度很快。

코로나의 전파 속도는 매우 빠르다.

创业 – 創業창업

现在很多大学生毕业后选择创业。

현재 많은 대학생이 졸업 후 창업을 선택합니다.

创造 – 創造창조

韩国在七十年代创造了经济奇迹。

한국은 70년대에 경제 기적을 창조해냈다.

存在 – 存在존재

我们之间不存在任何问题。

우리 사이에는 아무런 문제가 존재하지 않는다.

打破 – 打破타파

博尔特打破了百米世界记录。

우사인 볼트는 100미터 세계 신기록을 타파했다.

当然 – 當然 당연

学生有困难，老师当然要帮助。

학생에게 어려움이 있으면 선생님은 당연히 도와야 한다.

调查 – 調查 조사

这件事还没有完全调查清楚。

아직 이 일을 확실하게 조사하지 못하였다.

定期 – 定期 정기

为了健康，要定期做体检。

건강을 위해 정기 건강검진을 받아야 한다.

发达 – 發達 발달

这个国家的经济很发达。

이 나라는 경제가 아주 발달하다.

发明 – 發明 발명

爱迪生发明了电灯。

에디슨은 전등을 발명하였다.

发生 – 發生발생

这里刚刚发生了一起交通事故。

여기에서 방금 교통 사고가 발생했다.

发送 – 發送발송

我给老师发送了一封邮件。

나는 선생님께 이메일을 발송했다.

发言 – 發言발언

他的发言受到了大家的欢迎。

그의 발언은 모두의 환영을 받았다.

发展 – 發展발전

这家小企业在三年内发展成了名企。

이 작은 기업은 3년 만에 큰 기업으로 발전하였다.

反对 – 反對반대

我反对父母的意见。

그는 부모님의 의견에 반대하였다.

反复 – 反覆 반복

他一直在反复练习这个发音。

그는 계속 반복하여 이 발음을 연습한다.

防止 – 防止 방지

戴口罩可以有效防止疫情扩散。

마스크를 착용하면 전염병 확산을 방지할 수 있다.

访问 – 訪問 방문

他现在是首尔大学的访问学者。

지금 그는 서울대학교의 방문학자이다.

飞行 – 飛行 비행

那架飞机的飞行速度很快。

저 비행기의 비행 속도는 매우 빠르다.

丰富 – 豐富 풍부

校庆的节目内容很丰富。

개교 기념일 행사의 프로그램 내용이 매우 풍부하다.

否定 – 否定부정

他否定了大家的意见。

그는 모두의 의견을 부정했다.

否认 – 否認부인

他否认自己喜欢过我。

그는 자기가 나를 좋아했다는 것을 부인했다.

改造 – 改造개조

我想把这个书房改造成卧室。

나는 이 서재를 침실로 개조하고 싶다.

各种 – 各種각종

商店里有各种不同的商品。

상점에는 각종 다른 상품이 있습니다.

各自 – 各自각자

晚饭后大家回到了各自的房间。

저녁 식사 후 모두 각자 방에 돌아갔다.

公开 – 公開 공개

那个艺人公开了他们的恋情。

그 연예인이 그들의 연애를 공개했다.

共同 – 共同 공동

这是我们共同关心的话题。

이것은 우리의 공동 관심사입니다.

观察 – 觀察 관찰

他是一个善于观察的孩子。

그는 관찰에 능한 아이다.

管理 – 管理 관리

她负责管理公司的海外业务。

그녀는 회사의 해외 업무를 책임지고 관리합니다.

合法 – 合法 합법

你这么做合法吗？

당신이 이렇게 하는 것은 합법입니까?

合格 – 合格합격

这批产品的质量不合格。

이 제품들의 품질은 불합격이다.

合理 – 合理합리

我们学校的课程安排很合理。

우리 학교의 수업 안배는 아주 합리적이다.

积极 – 積極적극

大学生应积极参加社团活动。

대학생은 적극적으로 동아리 활동을 해야 한다.

集中 – 集中집중

上课时注意力要集中。

수업 중에는 주의력을 집중해야 한다.

记录 – 記錄기록

你来记录今天的会议内容吧。

너가 오늘 회의 내용을 기록해라.

继续 – 繼續 계속

大家休息好了吗？我们继续吧。

다들 잘 쉬셨나요? 계속합시다.

加工 – 加工 가공

这种食品经过加工后，可以长期保存。

이런 식품은 가공을 거친 후 장기간 보관할 수 있다.

简单 – 簡單 간단

这个问题很简单。

이 문제는 간단하다.

建设 – 建設 건설

上海正在建设新的地铁线路。

상해는 새 지하철 노선을 건설하고 있다.

建议 – 建議 건의

请问大家还有什么建议？

여러분, 또 다른 건의가 있습니까?

交流 - 交流교류

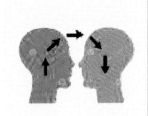

要想练好汉语口语，得多跟中国人交流。

중국어 말하기를 잘 하려면 중국인과 많이 교류해야 한다.

节约 - 節約절약

妈妈在生活上很节约。

엄마는 생활 속에서 매우 절약하신다.

结合 - 結合결합

这个问题要结合实际情况处理。

이 문제는 실제 상황과 결합하여 처리해야 한다.

结婚 - 結婚결혼

他们俩决定明年结婚。

그들은 내년에 결혼하기로 정하였다.

解决 - 解決해결

他很快就解决了这个问题。

그는 매우 빠르게 이 문제를 해결했다.

紧急 – 緊急긴급

这件事非常紧急。

이 일은 아주 긴급하다.

紧张 – 緊張긴장

考试时不要太紧张。

시험 볼 때 너무 긴장하지 마세요.

进步 – 進步진보

他的思想很进步。

그의 사상은 진보적이다.

经营 – 經營경영

这家公司是中国人经营的。

이 회사는 중국인이 경영하는 것이다.

就业 – 就業취업

年轻人就业很难。

젊은이들은 취업이 어렵다.

具体 – 具體 구체

这次旅行，你有什么具体的计划吗？

이번 여행에서 구체적인 무슨 계획이 있습니까?

决定 – 決定 결정

智贤决定明年去中国留学。

지현이는 내년에 중국 유학을 가기로 결정했다.

绝对 – 絕對 절대

放心吧，绝对没问题。

걱정하지 마세요, 절대 문제없습니다.

开发 – 開發 개발

最近公司正在开发新产品。

요즘 회사에서는 신제품을 개발하고 있습니다.

开放 – 開放 개방

这家图书馆周日也开放。

이 도서관은 일요일에도 개방한다.

开业 – 開業개업

我们去那家刚开业的饭店吧。

우리 방금 개업한 식당에 갑시다.

克服 – 克服극복

这个困难我们一定能克服。

우리는 이 난관을 반드시 극복할 수 있다.

客观 – 客觀객관

他的评价很客观。

그의 평가는 객관적이다.

快速 – 快速쾌속

中国经济正在快速发展。

중국 경제는 쾌속으로 발전하고 있다.

浪费 – 浪費낭비

剩了这么多菜, 太浪费了。

이렇게 많은 음식이 남다니, 너무 낭비다.

乐观 – 樂觀낙관

他对自己的前途很乐观。

그는 자기의 앞길에 대해 낙관적이다.

类似 – 類似유사

类似这样的情况很多。

이와 유사한 상황은 많다.

离婚 – 離婚이혼

他们俩结婚一年就离婚了。

그 둘이 결혼한지 일 년도 안 되어서 이혼하였다.

理发 – 理髮이발

头发太长了，该去理发了。

머리가 너무 길어서 이발하러 가야 한다.

理解 – 理解이해

你的这些话我还不太能理解。

너의 이런 말들을 나는 아직 잘 이해하지 못한다.

利用 – 利用이용

明秀想利用暑假的时间学习德语。

명수는 여름 방학 시간을 이용해서 독일어를 배우려고 한다.

连续 – 連續연속

明浩连续两年拿了奖学金。

명호는 2년 연속해서 장학금을 탔다.

联合 – 聯合연합

我们和那家公司联合举办活动。

우리는 그 회사와 연합하여 행사를 개최합니다.

留学 – 留學유학

善浩现在在中国留学。

선호는 지금 중국에서 유학 중이다.

录音 – 錄音녹음

请问您的发言我可以录音吗？

실례지만 당신의 발언을 제가 녹음해도 됩니까?

满足 – 滿足만족

他一直想满足父母这个心愿。

그는 줄곧 부모님의 이 소원을 만족시켜 드리고 싶었다.

男子 – 男子남자

古代男子多少岁算成年？

고대 남자는 몇 살에 성년으로 간주되었나?

💡 문어체 혹은 문학적 문체에서 주로 사용됨.

明确 – 明確명확

明确下半年的工作目标。

하반기 업무 목표를 명확하게 하다.

年代 – 年代년대

我姐姐是80年代出生的。

우리 누나는 80년대생이다.

判断 – 判斷판단

这道题是对是错，你来判断一下。

이 문제가 옳고 그른지 판단하세요.

评价 – 評價평가

只有完成课程评价，才能看到成绩。

수업 평가를 마쳐야 성적을 볼 수 있다.

破坏 – 破壞파괴

我们不要破坏环境。

우리 환경을 파괴하지 맙시다.

普遍 – 普遍보편

这种现象很普遍。

이런 현상은 매우 보편적이다.

普及 – 普及보급

社区应多向老年人普及卫生健康知识。

지역사회는 노인들에게 위생 및 건강 지식을 더 많이 보급해야
합니다.

前进 – 前進전진

战士们在大雨中前进。

병사들은 큰 빗속에서 전진한다.

强调 – 强調 강조

老师强调了今天的学习重点。

선생님은 오늘의 학습 요점을 강조하셨다.

强烈 – 强烈 강렬

父母强烈反对我们结婚。

부모님은 우리의 결혼을 강렬히 반대하신다.

亲切 – 親切 친절

他的态度非常亲切。

그의 태도는 아주 친절하다.

庆祝 – 慶祝 경축

为了庆祝中韩建交30周年，我们举办了书法大赛。

한중 수교 30주년을 경축하기 위해 우리는 서예대회를 개최하였다.

取消 – 取消 취소

因天气原因，活动被取消了。

날씨 때문에 행사가 취소되었습니다.

确定 – 確定확정

明天去还是不去，我还不能确定。

내일 갈지 말지 나는 아직 확정 짓지 못했다.

伤心 – 傷心상심

别因为那件事太伤心了。

그 일로 너무 상심하지 마.

上升 – 上昇상승

这几天气温在不断上升。

요 며칠 기온이 계속 상승하고 있다.

设计 – 設計설계

李英设计出了一种新产品。

이영이는 신제품을 설계했습니다.

设立 – 設立설립

中国银行在韩国设立了分行。

중국은행이 한국에서 지점을 설립하였다.

适用 – 適用적용

这种理论也适用于实际生活。

그 이론을 실생활에 적용하다.

生产 – 生産생산

这家工厂这几年大量生产口罩。

이 공장은 이 몇 년간 마스크를 대량 생산한다.

生动 – 生動생동

老师的话，生动有趣。

선생님의 말씀은 생동감이 넘치고 재미있다.

实行 – 實行실행

新的交通规则下个月开始实行。

새 교통 규칙은 다음 달부터 실행됩니다.

事实上 – 事實上사실상

事实上，我不太同意他的说法。

사실상 나는 그의 말에 별로 동의하지 않는다.

适应 – 適應적응

王明已经适应了这里的气候。

왕명은 이곳 기후에 이미 적응하였다.

谈话 – 談話담화

他们正在房间里谈话。

그들은 지금 방안에서 담화를 나누고 있다

停止 – 停止정지

病人刚刚停止了呼吸。

환자의 호흡이 방금 정지되었다.

通常 – 通常통상

民秀通常六点起床。

민수는 통상적으로 6시에 일어난다.

通信 – 通信통신

现在通信技术越来越发达了。

현재 통신 기술은 갈수록 발달하고 있습니다.

同意 – 同意동의

你同意我的意见吗?

너는 나의 의견에 동의하니?

突然 – 突然돌연

不知道为什么他突然离开了会场。

그는 왜 돌연히 회의장을 떠나버렸는지 모른다.

团结 – 團結단결

团结就是力量。

단결이 곧 힘이다.

推进 – 推進추진

我们要积极推进两国之间的文化交流。

우리는 양국 간의 문화 교류를 적극적으로 추진한다.

往往 – 往往왕왕

他往往是最早来最后走。

그는 왕왕 제일 일찍 와서 제일 늦게 간다.

危害 – 危害위해

吸烟危害健康。

흡연은 건강에 위해하다.

危险 – 危險위험

边开车边打电话很危险。

운전 중 전화는 매우 위험하다.

伟大 – 偉大위대

孔子是中国古代伟大的思想家。

공자는 중국 고대의 위대한 사상가이다.

握手 – 握手악수

我跟他握手表示欢迎。

나는 그와 악수를 하며 환영을 표했다.

希望 – 希望희망

他从小就希望长大后做一名医生。

그는 어렸을 때부터 커서 의사가 되기를 희망하였다.

先进 – 先進선진

这个产品很先进。

이 제품은 매우 선진적이다.

相当 – 相當상당

他的言行与他的身份很不相当。

그의 언행은 신분에 상당하지 않다.

相关 – 相關상관

请大家提供与这件事相关的证据。

여러분 이 일과 상관있는 증거를 제시해주세요.

消费 – 消費소비

上海的消费水平很高。

상해의 소비 수준은 매우 높다.

形成 – 形成형성

地球是怎么形成的？

지구는 어떻게 형성되었나요?

幸福 – 幸福행복

和你在一起，我觉得很幸福。

너와 같이 있어서 나는 너무 행복해.

幸运 – 幸運행운

"6"是我的幸运数字。

'6'은 나의 행운의 숫자이다.

训练 – 訓練훈련

他们正在运动场上训练。

그들은 운동장에서 훈련하고 있다.

以来 – 以來이래

入冬以来，已经下过好几场大雪。

겨울에 들어 큰 눈이 몇 번 내렸다.

应用 – 應用응용

我们可以应用新技术解决这个难题。

우리는 신기술을 응용하여 이 난제를 해결할 수 있습니다.

预习 – 豫習예습

大家有时间，请提前预习新课。

모두들 시간이 있다면 미리 새 수업을 예습하세요.

运输 – 運輸운수

他从事航空运输业。

그는 항공운수업에 종사한다.

增加 – 增加증가

这个月开始，我们的收入增加了。

이번 달부터 우리의 수입이 증가했다.

争取 – 爭取쟁취

他们要为争取自由而努力。

그들은 자유를 쟁취하기 위해 노력한다.

证明 – 證明증명

你还需要提交一些证明材料。

당신은 증명 서류를 좀 더 제출해야 합니다.

制定 – **制定**제정

国家制定了新的交通法。

국가는 새로운 교통법을 제정했다.

制造 – **製造**제조

这个产品是中国制造的。

이 제품은 중국에서 제조된 것이다.

制作 – **制作**제작

现在年轻人很喜欢制作短视频。

요즘 젊은이들은 짧은 동영상 제작을 매우 좋아합니다.

重大 – **重大**중대

民浩做了一个重大的决定。

민호는 중대한 결정을 하나 내렸다.

注意 – **注意**주의

天冷了，要多注意身体。

날씨가 추워졌으니 더욱더 건강 주의하세요.

自动 – 自動 자동

一进房间，这灯就自动开了。

방에 들어자마자 이 불이 자동적으로 켜진다.

生长 – 生長 생장

万物生长都需要阳光。

모든 생물은 생장하는데 햇빛이 필요하다.

胜利 – 勝利 승리

我们终于胜利了。

우리가 드디어 승리를 거두었다.

有利 – 有利 유리

多学几门外语对找工作是有利的。

몇 가지 외국어를 더 배우면 네가 직업을 찾는 데 유리해.

主张 – 主張 주장

这是我们的一贯主张。

이것은 우리의 일관된 주장이다.

02

이형동의어
異形同義語

이형동의어는 형태소는 다르지만 의미가 같은 한자어를 가리킨다. 한국어와 중국어의 한자 순서가 다른 경우, 형태소 수는 같은데 부분적으로 다른 경우, 음절 수의 차이를 보여주는 경우, 형태소가 완전히 다른 경우로 세분할 수 있다.

1급

介绍 – 紹介소개

我来介绍一下, 这是张先生。

제가 소개하겠습니다. 이 분은 장 선생입니다.

01 형태소가 전도顚倒된 경우

2급

语言 – 言語언어

我会说三国语言。

나는 세 가지 언어를 할 수 있다.

01 형태소가 전도顚倒된 경우

和平 – 平和평화

你看过《战争与和平》这本书吗？

《전쟁과 평화》라는 책을 읽어봤어요?

互相 – 相互상호

同学之间应该互相学习、互相帮助。

학우끼리는 서로 배우고 서로 도와야 한다.

接待 – 待接대접

今天很开心，谢谢你们的接待。

오늘 즐거웠습니다. 대접해 주셔서 감사합니다.

命运 – 運命운명

我们的命运在自己手中。

우리의 운명은 우리의 손에 달려 있다.

痛苦 – 苦痛고통

失去亲人让他很痛苦。

가족을 잃은 것이 그를 매우 고통스럽게 한다.

外语 – 外國語외국어

他的外语说得很好 。

그는 외국어를 매우 잘한다.

02 중국어보다 한국어 한자어 음절 수가 더 증가된 경우

2급

地铁 – 地下鐵지하철

上海地铁共有17条线路。

상하이 지하철은 모두 17개 노선이 있다.

平时 – 平常時평상시

你平时几点起床？

평상시 몇 시에 일어납니까?

食物 – 饮食物음식물

多吃红色食物对心脏好。

빨간색 음식물을 많이 먹으면 심장에 좋다.

旅客 – 旅行客여행객

旅客们都喜欢买这种纪念品。

여행객들은 모두 이런 기념품을 사는 것을 좋아한다.

3급

成员 – 構成員구성원

我们社团又来了新成员。

우리 동호회에 새로운 구성원이 또 왔다.

动力 – 原動力원동력

很多父母都把孩子当作自己努力的动力。

많은 부모들이 아이를 자기 노력의 원동력으로 여긴다.

对方 – 相對方상대방

我们在做事的时候应多为对方着想。

우리는 일을 할 때 상대방을 위해 더 많이 생각해야 한다.

后年 – 來後年내후년

后年我就大学毕业了。

나는 내후년에 대학을 졸업한다.

难度 – 難易度난이도

今年高考数学题难度很大。

올해 대학수학능력시험의 수학 문제 난이도는 매우 높다.

专家 – 專門家전문가

李老师是研究中韩关系的专家。

이 선생님은 한중 관계를 연구하는 전문가이다.

1급

常常 - 恆常항상

他常常工作到很晚才回家。

그는 항상 밤늦도록 일을 하고서야 퇴근한다.

回答 - 對答대답

你为什么不回答我的问题？

너는 왜 내 질문에 대답하지 않니?

鸡蛋 - 雞卵계란

他每天早上都要吃一个鸡蛋。

그는 매일 아침에 계란 하나를 먹는다.

去年 - 昨年작년

去年这个时候我正在中国留学。

작년 이맘때 나는 중국에서 유학 중이었다.

天气 – 日氣일기

我每天都看天气预报。

나는 매일 일기예보를 본다.

医生 – 醫師의사

他的理想是成为一名医生。

그의 꿈은 의사가 되는 것이다.

03 형태소 수는 같은데 부분적으로 다른 경우

2급

出院 – 退院퇴원

我明天就可以出院了。

나는 내일 퇴원할 수 있다.

词语 – 單語단어

这些都是常用词语，你好好儿记一下。

이것들은 모두 상용어이니 잘 기억하세요.

发现 – 發見발견

我发现他今天不太高兴。

나는 그가 오늘 기분이 안 좋은 것을 발견했다.

黑板 – 漆板칠판

他把自己的名字写在了黑板上。

그는 자신의 이름을 칠판에 적었다.

礼物 – 膳物 선물

生日那天, 我收到了很多礼物。

나는 생일에 많은 선물을 받았다.

流利 – 流暢 유창

他的法语说得非常流利。

그는 프랑스어를 아주 유창하게 한다.

平常 – 平素 평소

姐姐平常很喜欢喝普洱茶。

언니는 평소에 보이차를 즐겨 마신다.

水平 – 水準 수준

你还是去三甲医院吧, 那里的医疗水平更高一些。

삼갑병원으로 가세요. 그곳의 의료 수준이 좀 더 높습니다.

💡 삼갑병원三甲医院은 중국 내에서 가장 높은 등급의 병원이다.

同事 – 同僚 동료

我们办公室来了新同事。

우리 사무실에 새로운 동료가 왔다.

停车场 – 駐車場주차장

这里是免费停车场。

여기는 무료 주차장이다.

相似 – 類似유사

这两个人年龄相似。

이 두 사람은 나이가 유사하다.

信心 – 自信자신

智贤对这次考试有信心。

지현이는 이번 시험에 자신이 있다.

休假 – 休暇휴가

他带着家人去外地休假了。

그는 가족을 데리고 외지로 휴가를 갔다.

药店 – 藥局약국

中国很多大超市里都有药店。

중국의 많은 대형 슈퍼마켓에는 약국이 있다.

优点 – 長點 장점

我们要多学习别人的优点。

우리는 다른 사람의 장점을 많이 배워야 한다.

自行车 – 自轉車 자전거

我生日时，你给我买辆自行车吧。

내 생일에 자전거 한 대 사줘.

足球 – 蹴球 축구

这几天我都在看世界杯足球比赛。

요즘 월드컵 축구 경기 보고 있다.

部门 – 部署 부서

这份材料我应该交到哪个部门？

이 자료를 제가 어느 부서에 제출해야 합니까?

城市 – 都市 도시

年轻人基本都喜欢在城市生活。

젊은이들은 기본적으로 도시에서 생활하는 것을 좋아한다.

大概 – 大略 대략

大概有100名选手参加了这次比赛。

이번 대회에는 대략 100명의 선수가 참가했다.

当地 – 现地 현지

这是当地有名的景点。

이곳은 현지의 유명한 명소입니다.

短处 – 短點단점

每个人都有长处和短处。

사람은 누구나 장점과 단점이 있다.

复印 – 複寫복사

这是复印件，不是原件。

이것은 원본이 아니라 복사본이다.

感冒 – 感氣감기

我今天有点儿头疼，好像感冒了。

나는 오늘 머리가 좀 아픈 게 꼭 감기에 걸린 것 같다.

功能 – 機能기능

新买的冰箱有制冰功能。

새로 산 냉장고는 제빙 기능이 있다.

海关 – 稅關세관

过海关时，一般不能带什么东西？

세관을 통과할 때, 일반적으로 무엇을 가져갈 수 없습니까?

开始 – 始作시작

会议已经开始了, 你怎么还没来？

회의가 이미 시작되었는데, 왜 너는 아직 안 오는 거야?

联系 – 聯絡연락

大学毕业后他们也一直保持联系。

대학을 졸업한 후에도 그들은 계속 연락하고 지낸다.

年纪 – 年歲연세

年纪大的人也有自己的梦想。

연세가 많은 사람도 꿈이 있다.

苹果 – 沙果사과

在中国, 山东省烟台产的苹果比较有名。

중국에서는 산동성 연대(烟台)산 사과가 유명하다.

散步 – 散策산책

我每天晚饭后都去公园散步。

나는 매일 저녁 식사 후에 공원에 산책을 간다.

身份证 – 身分證 신분증

中国人身份证号码的第十七位数字代表性别。

중국인의 신분증 상의 17번째 숫자는 성별을 나타낸다.

完美 – 完璧 완벽

这个世界上没有完美的人。

이 세상에 완벽한 사람은 없다.

优势 – 優位 우위

个子高的人打篮球比较有优势。

키가 큰 사람은 농구에서 우위를 보인다.

游泳 – 水泳 수영

游泳是一种非常受欢迎的有氧运动。

수영은 매우 인기 있는 유산소 운동이다.

支付 – 支拂 지불

没有现金的话，您也可以扫码支付。

현금이 없을 경우, QR코드 스캔하여 지불하셔도 됩니다.

专业 – 专攻전공

我本来喜欢医学, 但却选择了外语专业。

나는 원래 의학을 좋아했지만 외국어 전공을 선택했다.

作者 – 著者저자

很多小说作者都是用的自己的笔名。

많은 소설 저자들이 자신의 필명으로 글을 쓴다.

CHAPTER

03

동형이의어
同形異義語

일부 혹은 전체 의미가 달라진 동형어를 '동형이의어'라고 한다. 동형이의어
는 의미가 서로 겹친 부분 없이 완전히 다른 완전이의어(完全異義語)와
의미가 다르면서도 공통된 부분을 갖고 있는 부분이의어(部分異義語)로 분
류된다.

爱好 – 愛好애호

图 취미.

你有什么爱好？

취미가 뭐예요?

缺 사랑하고 좋아함.

이것은 바로 우리말 애호의 정신이다.

这就是热爱国语的精神。

地方 – 地方지방

图 곳[difang].

这是什么地方？

이 곳은 어디입니까?

缺 ① 서울 이외의 지역.

대전은 지방도시다.

大田是非首都城市。

② 어느 한 방면의 땅.

한국 남부 지방은 비교적 비가 많다.

韩国南部地区经常下雨。

东西 – 东西동서

🈂 물건东西[dōng·xi].

这是谁的东西？

이것은 누구의 물건이예요?

🈂 동쪽과 서쪽을 아울러 이르는 말.

동서 문화의 교류는 매우 중요하다.

东西文化交流很重要。

放学 – 放學방학

🈂 하교하다.

每个学校的放学时间都不一样。

학교마다 하교 시간은 모두 다르다.

🈂 일정 기간 동안 수업을 쉬는 일. 또는 그 기간. 주로 학교에서 학기나 학년이 끝난 뒤 또는 더위, 추위가 심할 때 실시함.

방학 동안 나는 중국으로 여행을 갔다.

放假期间, 我去中国旅游了。

告诉 – 告訴고소

🈂 알리다.

这件事你别告诉别人啊。

이 일을 다른 사람에게 알리지 마.

🈂 (법률)고소하다.

왕명은 그 나쁜 사람을 검찰에 고소했다.

王明向检方起诉了那个坏人。

工作 – 工作공작

명 일.

我以后想出国工作。

저는 나중에 해외에서 일하고 싶어요.

명 일정한 목적을 위하여 미리 일을 꾸밈.

이번 시장 선거는 공작 선거이다.

这次市长选举是暗中谋划的。

汽车 – 汽車기차

명 자동차.

妈妈今年买了一辆新汽车。

어머니는 올해 새 자동차 한 대를 사셨다.

명 기차.

우리는 기차를 타고 부산에 갑시다.

我们坐火车去釜山吧。

明白 – 明白명백

명 이해하다.

不用再说了，我都明白了。

다시 말할 필요 없어요. 저는 다 이해했어요.

명 의심할 바 없이 아주 뚜렷하다.

이번 시험에서 저지른 잘못은 매우 명백하다.

我在这次考试中犯了很明显的错误。

学院 - 學院학원

중 (단과)대학.

我在艺术设计学院工作。

저는 예술디자인대학에서 일해요.

만 학교 설치 기준의 여
러 조건을 갖추지 아
니한 사립 교육 기
관. 교과 과정에 따
라 지식, 기술, 예체
능 교육을 행한다.

나는 지금 영어 학원에 가요.

现在我去英语补习班。

01 완전이의어

2급

爱情 – 愛情애정

중 (주로 남녀 간의) 사랑.

你知道牛郎和织女的爱情故事吗？

견우와 직녀의 사랑 이야기 알아요?

만 사랑하는 마음.

그는 이 서점에 큰 애정을 가지고 있다.

他对这家书店很有感情。

安静 – 安靜안정

중 조용하다. 고요하다.

现在开始上课，请大家安静。

지금 수업 시작하니 모두 조용히 해주세요.

만 육체적 또는 정신적으로 편안하고 고요하다.

며칠간 안정을 취하면 회복될 것이다.

静养几天就会恢复的。

对面 - 對面대면

[중] 반대편. 맞은편.

他家就在我家对面。

그의 집은 바로 우리 집 맞은편이다.

[한] 서로 얼굴을 마주 보고 대함.

새 학기가 시작되고 처음으로 신입생과 대면했다.

新学期开始了，和新生第一次见面。

方便 - 方便방편

[중] 편리하다.

有了微信后，国际通话更方便了。

위챗이 생긴 후, 국제통화가 더 편리해졌다.

[한] 그때그때의 경우에 따라 편하고 쉽게 이용하는 수단과 방법.

그는 생계의 방편으로 식당에 취직했다.

他去餐厅上班，只是为了暂时糊口。

放心 - 放心방심

[중] 안심하다. 마음을 놓다.

请放心，这件事我不会跟别人说的。

안심해. 나는 이 일을 다른 사람에게 알리지 않을 거야.

[한] 마음을 다잡지 아니하고 풀어 놓아 버림.

시험에 통과했지만 아직 방심할 수는 없어.

尽管考试通过了，但是还不能松劲儿啊。

服务 – 服務 복무

명 봉사하다. 서비스하
다.

如果我买了你们的车, 你们会提供什么售后服务？

만약 제가 당신의 차를 구입한다면 어떤 서비스가 있나요?

명 어떤 직무나 임무에
힘씀.

그는 3년의 군 복무를 마쳤다.

他结束了三年的军队服役生活。

故事 – 故事 고사

명 이야기.

我给你们讲个真实的故事。

내가 너희들에게 실재 이야기를 하나 해줄게.

명 유래가 있는 옛날의
일. 또는 그런 일을
표현한 어구.

새옹지마라는 고사를 아니?

你知道塞翁之马的这个典故吗？

家长 – 家長 가장

명 주로 재학 학생의 부
모를 가리킴.

请家长们多关心孩子的身心健康。

학부모님들께서는 자녀의 심신 건강에 많은 관심을 가져 주시
기 바랍니다.

명 한 가정을 이끌어 나
가는 사람.

우리 집 가장은 할아버지이시다.

爷爷是我们家的一家之主。

经理 – 經理경리

🔴 기업의 책임자. 지배인. 사장. 매니저.

这家公司的经理是一位30岁的女性。

이 회사의 매니저는 30세 여성이다.

🔵 어떤 기관이나 단체에서 물자의 관리나 금전의 출납 따위를 맡아보는 사무. 또는 그 부서나 사람.

그녀는 이전에 경리였다.

她以前是个会计。

快乐 – 快樂쾌락

🔴 즐겁다. 유쾌하다.

希望每个孩子都能有个快乐的童年。

아이들마다 모두 즐거운 동년 생활을 가졌으면 좋겠다.

🔵 감성의 만족, 욕망의 충족에서 오는 유쾌하고 즐거운 감정.

젊은 사람이 향락과 쾌락에 빠지면 안돼요.

年轻人不应该沉迷于享乐。

前年 – 前年전년

🔴 재작년.

前年这个时候我还是一个高中生。

재작년에 나는 고등학생이었다.

🔵 이해의 바로 앞의 해.

전년도의 소득증명을 좀 보여주세요.

请给我看一下您去年的收入证明。

请求 – 請求청구

■ 바라다. 요청하다.
부탁하다.

对不起, 我错了, 请求您的原谅。

죄송해요. 제가 잘못했어요. 용서해주세요.

■ 남에게 돈이나 물건
을 달라고 요구하다.

영수증 없이 청구할 수 있어요?

没有发票的话, 可以报销吗 ?

热情 – 熱情열정

■ 친절하다. 마음이 따
뜻하다. 정이 두텁
다.

这里的工作人员都很热情。

여기 직원들은 모두 친절하다.

■ 어떤 일에 열렬한 애
정을 가지고 열중하
는 마음.

지현은 예술에 대한 열정이 있다.

智贤非常热爱艺术。

事情 – 事情사정

■ 일. 업무.

最近事情太多, 没时间运动。

요즘 일이 많아서 운동할 시간이 없다.

■ 일의 형편이나 까닭.

미안해요. 사정이 있어서 늦었어요.

对不起, 因为有事来晚了。

小心 – 小心소심

중 조심하다.

这里地滑, 小心点儿。

여기 미끄러워, 조심해.

한 대담하지 못하고 조심성이 지나치게 많다.

그는 소심한 사람이다.

他是一个谨小慎微的人。

新闻 – 新聞신문

중 뉴스.

我每天都看晚间新闻。

나는 매일 저녁 뉴스를 본다.

한 세상에서 일어나는 새로운 사건이나 사실을 알리고 해설하는 정기 간행물. 신문의 내용이 인쇄된 종이.

저는 비행기를 타고 있을 때 신문 보는 것을 좋아한다.

我坐飞机的时候喜欢看报纸。

01 완전이의어

3급

表现 - 表現 표현

중 ① 나타내다.

他的这个举动表现出对你的关心。

그의 이 행동은 당신에 대한 관심을 보여줍니다.

② 과시하다.

他总爱表现自己，我们都不喜欢他。

그는 항상 자기를 과시하여 우리 모두는 그를 좋아하지 않는다.

한 생각이나 느낌 따위를 언어나 몸짓 따위의 형상으로 드러내어 나타내다.

제가 중국어를 잘 못해서 그런데 한국어로 표현해도 되나요?

我的中文不太好，可以说韩语吗？

部长 - 部長 부장

중 중앙 정부의 각부 장관.

中国外交部长近期访问了韩国。

중국 외교부 장관은 최근 한국을 방문했다.

한 기관이나 조직에서 한 부(部)를 맡아 다스리는 직위. 또는 그 직위에 있는 사람.

왕명은 이번 달에 회사 부장으로 승진했습니다.

王明这个月升为公司部长了。

从来 – 從來종래

图 지금까지. 여태껏.
이제까지.

我从来没想过我能去中国留学。

나는 지금까지 중국으로 유학을 갈 수 있을 거라고 생각해 본
적이 없다.

뜻 일정한 시점을 기준
으로 이전부터 지금
까지에 이름. 또는
그런 동안.

이 시대의 젊은이들은 종래의 관습을 잘 따르지 않는다.

现在的年轻人不怎么遵守老传统。

工夫 – 工夫공부

图 여가. 한가한 시간.

我在忙着，没工夫和你聊天。

나는 바빠서 너와 얘기할 시간이 없어.

뜻 어떤 과목, 학문, 기
술을 배우고 익혀
그에 관한 지식을
얻는 것.

저는 어렸을 때부터 외국어 공부를 좋아했어요.

我从小就喜欢学外语。

结束 – 結束결속

图 끝나다. 마치다.

会议结束后，我们一起去喝点儿什么吧。

회의 끝나고 우리 같이 뭐 마시러 가자.

뜻 뜻이 같은 사람끼리
서로 결합함.

시합 때 우리는 반드시 한마음이 되자고 결속을 다졌다.

比赛时我们一定要团结一心。

配合 – 配合배합

중 협동하다. 협력하다.

您放心，我会好好儿配合您的工作。

걱정 마세요. 저는 당신의 일에 잘 협조할거예요.

한 ① 이것저것을 일정한 비율로 한데 섞어 합침.

내 동생은 미술 수업 시간에 색의 배합 방법을 배웠다.

我妹妹在美术课上学习了如何配色。

② 부부의 인연을 맺음.

사람들은 두 사람의 배합을 아주 부러워했다.

人们很羡慕他俩能够走到一起。

热爱 – 熱愛열애

중 매우 좋아하다.

我很热爱自己的工作。

나는 내 일에 매우 애착을 가지고 있다.

한 열렬히 사랑함. 또는 그런 사랑.

그 두 사람은 오랜 열애 끝에 결혼했다.

他俩热恋了很久才结婚的。

深刻 – 深刻심각

중 ① 인상이 깊다.

나에게 그는 매우 인상 깊었다.

他给我留下了深刻的印象。

② 핵심을 찌르다. 본질을 파악하다.

我对这个问题有深刻的认识。

나는 이 문제의 핵심을 파악했다.

한 (일이나 현상이) 정도가 아주 심하거나 절박하다.

그의 병세는 점점 심각해진다.

他的病情越来越严重。

文章 – 文章문장

중 ① 글월.

王老师文章写得很好。

왕 선생님은 글을 잘 쓰신다.

② 내포된 뜻. 꿍꿍이.

我觉得这件事背后大有文章。

나는 이 사건 배후에 큰 꿍꿍이가 있다고 생각한다.

한 생각이나 감정을 말
로 표현할 때 완결
된 내용을 나타내는
최소의 단위.

이 단어를 가지고 문장을 만드세요.

请用这个单词造个句子。

演出 – 演出연출

중 공연.

今晚我要去上海大剧院看演出。

나는 오늘 저녁에 상해 대극장에 가서 공연을 볼 거예요.

한 ① 공연이나 방송 등
에서 각본에 따라
모든 일을 감독하여
하나의 작품을 만들
어 냄. 또는 그 일을
맡은 사람.

이 드라마 연출이 누구니?

这个电视剧的导演是谁？

② 어떤 상황이나 상
태를 만들어 냄.

어떻게 지난 번과 같은 상황이 연출된 것일까요?

怎么会出现和上次一样的情况呢？

造成 – 造成조성

동 (좋지 않은 사태 따위를) 발생시키다. 초래하다.

老板的这个决定给公司造成了巨大的损失。

사장의 이 결정은 회사에 막대한 손실을 초래하였다.

명 어떤 시설이나 자금 따위를 만들어서 이룸.

이곳을 여행 구역으로 조성할 계획이다.

这里正计划建设旅游区。

错误 – 錯誤착오

동 잘못. 틀리다.

判断下列句子对错，正确的打"○"，错误的打"X"。

다음 문장의 옳고 그름을 판단하여, 옳으면 '○', 틀리면'X'를 하세요.

명 착각으로 인하여 잘못함. 또는 그러한 잘못.

이렇게 하면 착오가 생기기 마련이다.

这样下去免不了会出错。

1급

大学 – 大學 대학

중만 고등학교 졸업자 또는 그 자격을 갖춘 사람이 다니는 학교.

만 한 대학교 안에서 같은 계열에 속하는 학부나 학과들로 이루어진 기관.

나는 의과대학 학생이다.

我是医学院的学生。

读书 – 讀書 독서

중만 책을 읽음.

중 공부하다.

这孩子读书一直很好。

이 아이는 줄곧 공부를 잘합니다.

多少 – 多少 다소

중 [duōshǎo] 만 조금. 어느 정도.

중 얼마[duō·shao].

请问这件衣服多少钱？

실례지만 이 옷은 얼마예요?

非常 – 非常비상

[중][민] 뜻밖의 긴급한 사태. 또는 이에 대응하기 위하여 신속히 내려지는 명령.

[중] 너무.

你的汉语发音非常好。

네 중국어 발음이 너무 좋아.

个 – 個개

[중][민] 낱으로 된 물건을 세는 단위.

[중] 사람을 세는 단위.

今天来了几个人？

오늘 몇 명 왔어요?

工人 – 工人공인

[중][민] 손으로 물건을 만드는 일을 직업으로 하는 사람.

[중] 노동자.

林丹的爸爸是食品加工厂的工人。

임단의 아버지는 식품 가공 공장의 노동자입니다.

过去 – 過去과거

[중][민] 이미 지나간 때.

[중] 화자나 서술 대상이 있는 시점이나 지점을 거쳐 지나감.

你在这儿等着，我过去看看。

여기서 기다려. 내가 가서 좀 볼게.

💡 "이미 지난 간 때"라는 의미를 지닌 "过去"는 3급 단어이다.

考试 – 考試고시

중북 공무원 시험.

중 시험. 시험하다.

我会参加明年的口语考试。

저는 내년에 말하기 시험에 참가할 거예요.

热 – 熱열

중북 병으로 인하여 오르는 몸의 열.

중 덥다.

今天天气很热。

오늘 날씨가 아주 덥다.

북 화가 나거나 흥분된 상태.

누구 때문에 열 받았어?

谁惹你生气了啊?

认识 – 認識인식

중북 사물을 분별하고 판단하여 알다.

중 사람이나 글자나 길을 알다.

你们俩是怎么认识的？

너희 둘은 어떻게 알게 되었니?

生气 – 生氣생기

중북 싱싱하고 힘찬 기운.

중 화내다.

你是在生谁的起啊?

너는 누구에게 화를 내고 있느냐?

先生 – 先生선생

중일 [경어] 선생. 선생님.

중 여자가 자기의 남편 또는 다른 여자의 남편을 말하는 호칭.

您先生是中国人吗 ?

남편분은 중국분이세요?

中间 – 中間중간

중일 두 사물의 사이.

일 어떤 일이 진행되고 있는 사이.

다음 주에 중간고사가 시작된다.

下周开始期中考试。

最后 – 最後최후

중일 맨 마지막.

일 삶의 마지막 순간.

그 사람은 타향에서 최후를 마쳤다.

那个人在他乡结束了生命。

02 부분이의어

2급

爱人 – 愛人애인

[중韓] 서로 애정을 나누며 마음속 깊이 사랑하는 사람. 또는 몹시 그리며 사랑하는 사람.

[중] 남편 또는 아내.

这是我爱人，我们结婚两年了。

이 분은 우리 아내예요. 우리는 결혼한 지 2년이 되었어요.

便宜 – 便宜[biàn yí] 편의

[중韓] 생활하거나 일하는데, 형편이나 조건 따위가 편하고 좋음.

[중] 싸다.[pián yi]

这家超市的东西很便宜。

이 슈퍼마켓의 물건들은 아주 싸다.

不过 – 不過불과

[중韓] … 에 지나지 않다. … 에 불과하다.

[중] 그런데. 그러나.

我很想去看看她，不过没有时间。

나는 그녀를 만나러 가고 싶은데 시간이 없다.

💡 '但是, 可是'보다 어기가 약함

参观 – 參觀참관

[중][만] 어떤 곳에 나아가서 봄.

[만] 어떤 모임이나 행사 등을 참가하여 지켜 봄.

오늘은 학부모 참관 수업 날입니다.

今天是家长观摩教学日。

草地 – 草地초지

[중][만] 풀이 나 있는 땅. 가축을 방목하거나 목초를 재배하는 데 이용한다.

[중] 잔디밭.

王明坐在草地上看书。

왕명은 잔디밭에 앉아서 책을 본다.

重复 – 重複중복

[중][만] 거듭하거나 겹침.

[중] (같은 말을) 반복하 다.

他把说过的话又重复了一遍。

그는 했던 말을 또 한 차례 되풀이하였다.

出现 – 出現출현

[중][만] (없었거나 숨겨져 있던 사물이나 현상이) 나타나다.

[중] 만들어 내다. 생산해 내다.

近年来出现了很多优秀的文学作品。

최근 우수한 문학 작품들이 많이 창작되었다.

大家 – 大家대가

중한 전문 분야에서 뛰어난 권위를 인정받는 사람.

중 일정한 범위 내의 모든 사람.

大家好，我是你们这学期的汉语老师。

여러분 안녕하세요. 저는 이번 학기 중국어 선생님입니다.

大小 – 大小대소

중한 크고 작음.

중 어른과 아이.

李英家一共有大小五口人。

이영이의 가족은 어른과 아이 모두 합쳐 다섯 명이다.

单位 – 單位단위

중한 길이·무게·수효·시간 따위의 수량을 수치로 나타낼 때 기초가 되는 일정한 기준.

중 (단체·기관 등의) 단위[부문].

你在什么单位工作？

당신은 어느 직장에서 일하십니까?

한 하나의 조직 따위를 구성하는 기본적인 한 덩어리.

월세 계약은 2년 단위로 한다.

我的租房合同每两年一签。

道路 – 道路도로

중한 사람, 차가 잘 다닐 수 있도록 만들어 놓은 비교적 넓은 길.

중 (추상적인 의미의) 길, 노선, 진로 등.

我的人生道路该怎么走？

내 인생 길을 어떻게 걸어가야 할까?

读音 – 讀音독음

중한 발음.

한 한자의 음.

너는 한글 독음으로 이 시를 읊을 수 있겠니?

你能用韩文读音来吟诵这首诗吗？

花园 – 花園화원

중한 꽃과 나무가 많이 심어져 있는 휴식 공간

한 꽃을 파는 가게.

그의 화원은 장사가 잘된다.

那家花店生意很好。

黄色 – 黃色황색

중한 노란색.

중 퇴폐적인. 음탕한. 음란한.

我从来没看过黄色小说。

나는 여태까지 음란한 소설을 읽은 적이 없다.

经过 – 經過경과

중한 일이 되어 가는 과정.

중 (장소·시간·동작 등을) 지나다. 거치다.

我每天上班都要经过这家超市。

나는 매일 출근길에 이 슈퍼를 지나간다.

한 시간이 흘러 지나 감.

5분 경과 후에 답안지를 걷겠습니다.

再过5分钟就收卷了。

酒店 – 酒店주점

중한 술집.

중 호텔. 식당.

我帮妈妈预订了酒店。

나는 엄마의 호텔 예약을 도와드렸다.

可能 – 可能가능

중한 어떤 일을 할 수 있거나 될 수 있음.

중 아마, 아마도.

都12点了，他可能不会来上课了。

벌써 12시인데 아마 그는 수업에 오지 않을 거야.

普通 – 普通보통

중한 흔히 볼 수 있어서 평범함.

한 일반적으로. 또는 흔히.

그는 보통 아침 일곱 시에는 일어난다.

他一般早上七点起床。

取得 – 取得취득

중한 (자격, 면허, 학위 등) 자기 것으로 만들어 가짐.

중 (상, 신뢰 등) 얻다. 획득하다.

明秀这学期取得了学习进步奖。

명수는 이번 학기에 학습진보상을 받았다.

十分 – 十分 십분

[중][한] 매우. 대단히.

[한] 아주, 충분히.

오늘 경기에서 능력을 십분 발휘해보겠습니다.

我会在今天的比赛中充分发挥自己的实力。

💡 중국어 '십분'은 '십분 예쁘다 十分漂亮', '십분 덥다 十分热' 등과 같이 형용사 앞에 붙여서는 사용할 수 있다.

实际 – 實際 실제

[중][한] 사실의 경우나 형편.

[중] 구체적이다.

我要用实际行动来表达我的爱。

나는 구체적인 행동으로 내 사랑을 표현한다.

说明 – 說明 설명

[중][한] 어떤 일이나 대상의 내용을 상대편이 잘 알 수 있도록 밝혀 말함.

[중] (분명하게) 말하다.
증명하다.

事实说明我的选择是对的。

결과가 나의 선택이 옳았다는 것을 증명해준다.

所有 – 所有 소유

[중][한] 가지고 있음. 또는 그 물건.

[중] 모든. 일체의.

今天我们班所有的学生都来了。

오늘 우리 반 학생들 모두가 왔다.

天上 – 天上천상

중한 하늘.

한 타고난 것처럼, 아주.

왕 선생님은 천상 학자이다.

王老师是天生的学者。

听讲 – 聽講청강

중한 강의를 듣다.

한 (사람이 강의를) 정식으로 수강을 신청하지 않고 듣다.

나는 이번 학기에 중국역사문화수업을 청강했다 .

我这学期旁听了中国历史文化课。

停车 – 停車정차

중한 진행하던 차가 잠시 멈춤.

중 차를 일정한 곳에 세워 둠.

不要在马路两边停车。

도로 양옆에 주차해서는 안 된다.

通过 – 通過통과

중한 어떤 곳이나 때를 거쳐서 지나 감. 또는 시험 따위에서 합격을 함.

중 … 을(를) 통하다. … 에 의하다.

通过这件事, 我学到了很多。

이 일을 통해 나는 많은 것을 배웠다.

习惯 – 習慣습관

중일 어떤 행위를 오랫동안 되풀이하는 과정에서 저절로 익혀진 행동 방식.

중 익숙해지다. 적응이
되다. 버릇이 되다.

我刚来中国，对这里的生活还不习惯。

나는 중국에 막 와서 아직 이 곳 생활에 익숙하지 않다.

校长 – 校長교장

중일 대학을 제외한 각급 학교의 으뜸 직위. 또는 그 직위에 있는 사람.

중 대학 총장.

现在很多大学校长都有留学经历。

현재 많은 대학 총장들은 모두 유학 경험이 있다.

心情 – 心情심정

중일 마음속에 품고 있는 생각이나 감정.

중 대상·환경 따위에
따라 마음에 절로 생
기며 한동안 지속되
는, 유쾌함이나 불쾌
함 따위의 기분.

和他在一起，我每天心情都很好。

그와 함께 있으면 나는 매일 기분이 좋다.

일 마음을 쓰는 태도.
마음씨.

그녀는 심정이 착해서 마음에 든다.

她心地善良，我很喜欢。

一般 – 一般일반

중일 특별하지 아니하고 평범한 수준. 또는 일부가 아닌 전체에 널리 해당되는 것.

일 (주로 '일반이다' 꼴
로 쓰여) 한 모양이
나 마찬가지의 상태.

이렇게 하나 저렇게 하나 일반이다.

不管怎么做，结果都一样。

一定 – 一定일정

중망 어떤 것의 크기, 모양, 범위, 시간 따위가 하나로 정해져 있음.

중 ① 반드시. 꼭.

你到家后一定要给我来个电话。

집에 도착하면 꼭 전화해 줘.

② 어느 정도의.

现在我对他有了一定的了解。

현재 나는 그에 대해 어느 정도 알고 있다.

意见 – 意見의견

중망 어떤 대상에 대하여 가지는 생각.

중 반대. 불만. 비평.

他这么做，大家对他意见很大。

그는 이렇게 하니 모두 그에게 불만이 많다.

原来 – 原來원래

중망 사물이 전하여 내려온 그 처음.

중 알고 보니. 실제 상황을 알아냈음을 나타냄

我以为你是大学生，原来你已经工作了。

나는 네가 대학생인 줄 알았는데, 알고 보니 너는 이미 일을 하고 있었구나.

망 처음부터 또는 근본부터.

나는 원래 그런 사람이다.

我本来就是那样的人。

真正 – 眞正진정

중망 거짓이 없이 참으로.

중 진짜의. 확실히.

我现在才真正明白了他的意思。

나는 이제야 그의 뜻을 확실히 이해했다.

中心 – 中心중심

[중][만] 사물의 한가운데.

[중] 센터

我们学校新设了一个国际问题研究中心。

우리 학교에서는 국제문제연구센터를 신설하였다.

自己 – 自己자기

[중][만] 앞에 언급된 사람을 도로 가리키는 말.

[중] 명사 앞에 쓰여 자신 쪽에 가리키며 그 관계가 긴밀함을 나타냄.

我们都是自己人，别客气。

우리는 모두 같은 편이니 사양하지 마세요.

[만] ① 당사자 자신.

人文学은 자기에 대해 발견하는 학문이다.

人文学是一门发现自我的学科。

② 젊은 연인이나 부부 사이에서 상대방을 가리키는 애칭.

자기야, 우리 영화 보러 갈래?

亲爱的, 我们去看电影怎么样？

作業 – 作業작업

[중][만] 일정한 목적과 계획 아래 하는 일.

[중] 숙제. 과제.

今天的数学作业太难了。

오늘 수학 숙제는 정말 어려웠어.

02 부분이의어

3급

安排 – 安排안배

중**만** 알맞게 잘 배치하거나 처리하다.

중 사람을 보내어 어떤 일을 하게 하다.

公司安排我这周出差。

회사에서 이번 주에 나를 출장 보낸다.

把握 – 把握파악

중**만** 손으로 잡아 쥐다.

중 (성공의) 가능성. 가 망성. 확신 등. [주로 '有' 혹은 '没'의 뒤 에 사용됨.]

对这件事我一点儿把握也没有。

나는 이 일에 조금도 확신이 없다.

만 어떤 대상의 내용이 나 본질을 확실하게 이해하여 알다.

나는 이 책의 내용을 다 파악하지 못했다.

这本书的内容我不能完全理解。

保险 – 保險보험

중**만** 손해를 물어 준다거나 일이 확실하게 이루어진다는 보증.

중 보증하다. 틀림없다 고 확언하다.

你按我说的做，保险不会出错。

너는 내가 시키는 대로 해라. 실수하지 않을 게 확실해.

保证 – 保證보증

[중][한] 어떤 사물이나 사람에 대하여 책임지고 틀림이 없음을 증명하다.

[중] 확보하다. 장담하다.

这件事我保证不告诉别人。

나는 다른 사람에게 이 일을 말하지 않을 것을 장담한다.

本来 – 本來본래

[중][한] 처음부터. 처음에.

[중] 당연히.

我们是朋友，本来就应该互相帮助。

우리는 친구이니, 당연히 서로 도와야지.

比例 – 比例비례

[중][한] 한쪽의 양이나 수가 늘어나는 것에 대하여 다른 쪽의 양이나 수도 늘어남.

[중] 비율.

我们单位的男女比例很均衡。

우리 직장은 남녀 비율이 균형적이다.

必要 – 必要필요

[중][한] 없어서는 안 된다.

[한] 반드시 요구되는 바가 있다.

이 일은 너의 도움 필요하다.

这件事需要你的帮助。

标准 – 標準 표준

[공통] 사물을 판정하는 지침.

[중] 규범적이다. 표준적이다.

她的中文发音真标准啊！

그녀의 중국어 발음은 정말 정확해!

[한] 일반적인 것. 또는 평균적인 것.

그녀는 겨우 15살인데 이미 한국 여성의 표준키에 이르렀다.

她才15岁，就已达到韩国女性的平均身高了。

表面 – 表面 표면

[공통] 사물의 가장 바깥쪽. 또는 가장 윗부분.

[중] (사물의) 비본질적인 부분. 외재적인 현상.

你看到的只是表面现象，并不是真的。

너는 본 것은 외재적인 것이고 진짜 아니다.

采取 – 採取 채취

[공통] 연구나 조사에 필요한 것을 찾거나 받아서 얻음.

[중] (방침·수단·태도 따위를)채택하다. 취하다.

你打算采取什么措施来解决这个问题呢？

당신은 이 문제를 해결하기 위해 어떤 조치를 취할 계획입니까?

[한] 풀, 나무, 광석 따위를 찾아 베거나 캐거나 하여 얻어 냄.

민호는 중의학을 좋아해서 약초를 채취하는 것을 배우고 있다.

民浩喜欢中医，正在学习采药。

采用 – 採用채용

중일 선택하여 이용하다.

일 사람을 골라서 쓰다.

그는 대학을 졸업하자마자 대기업에 채용되었다.

他大学一毕业就被大公司录用了。

彩色 – 彩色채색

중일 색상.

일 그림 따위에 색을 칠함.

이 그림의 채색은 아주 특별하다.

这幅画的着色很特别。

成就 – 成就성취

중일 (사람이 목적한 것을) 잘 이루다.

중 성과. 업적.

他在学术界取得了很高的成就。

그는 학술계에서 매우 높은 성과를 거두었다.

成立 – 成立성립

중일 (일이나 관계가) 이루어지다.

중 (조직·기구 따위를) 설치하다. 창립하다.

我们学校今年成立了亚洲研究中心。

우리 학교는 올해 아시아연구센터를 설립했다.

初步 – 初步초보

종·한 시작 단계의 초보적이다.

한 학문이나 기술 따위
를 익힐 때의 그 처
음 단계나 수준.

앞에 있는 저 차에는 '초보운전'이 붙여져 있다.

前边那辆车上贴着"新手上路"。

传说 – 傳說전설

종·한 예로부터 전해 오는 이야기.

종 이리저리 말이 전해
지다.

村里传说他在城里赚了大钱。

마을에서는 그가 도시에서 큰 돈을 벌었다는 애기가 전해졌다.

从前 – 從前종전

종·한 지금보다 이전.

종 옛날[이야기를 할 때
많이 씀].

从前这里有个姓李的人家……

옛날에 여기 이씨의 집이 있었는데……

单元 – 單元단원

종·한 어떤 주제나 내용을 중심으로 묶은 학습 단위.

종 (공동 주택·빌딩 등
의) 현관.

王明家住在1单元2号楼303室。

왕명은 1단지 2동 303호에서 살고 있다.

当初 – 當初 당초

중한 일이 생기기 시작한 처음.

중 이전. 예전. 애초.

早知道你是这样的人，我当初就不应该帮你。

진작에 네가 이런 사람인 줄 알았으면 나는 애초에 너를 도와주지 않았을 것이다.

对象 – 對象 대상

중한 어떤 일의 상대 또는 목표나 목적이 되는 것.

중 애인. 결혼 상대.

工作这么忙，哪有时间找对象啊？

일은 이렇게 바쁜데 어디 짝을 찾을 시간이 있겠어요?

队员 – 隊員 대원

중한 부대나 집단을 이루고 있는 사람.

중 팀원.

我们足球队的队员在这次比赛中表现出色。

우리 축구 팀원들은 이번 경기에서 뛰어난 활약을 보였다.

发表 – 發表 발표

중한 어떤 사실이나 결과, 작품 따위를 세상에 널리 드러내어 알리다.

중 신문이나 간행물에 게재하다.

王老师的文章在报纸上发表了。

왕 선생님의 글이 신문에 게재되었다.

发动 – 發動발동

중만 움직이거나 작용하기 시작함.

중 개시하다(경기 따위 주로 사용함).

在后半场比赛，对方先发动了进攻。

경기 후반전에 상대방이 먼저 공격을 시작했습니다.

만 어떤 생각이나 욕망 이 움직여 일어남.

나는 요즘 MBTI에 대한 호기심이 발동하였다.

我最近对MBTI产生了好奇心。

分别 – 分別분별

중만 구별. 식별.

중 ① 헤어지다. 이별하다.

我们分别没多久又见面了。

우리는 헤어진 지 얼마 되지 않아 또 만났다.

② 각각. 따로따로.

男女双方分别做了自我介绍。

남녀 양측은 각각 자기소개를 했다.

分配 – 分配분배

중만 몫몫이 별러 나눔.

중 배치하다. 안배하다.

毕业后，他被分配到一所高中当教师。

졸업 후 그는 한 고등학교의 교사로 배치되었다.

复杂 – 複雜복잡

중만 일이나 감정 따위가 갈피를 잡기 어려울 만큼 여러 가지가 얽혀 있다.

만 복작거리어 혼잡스 럽다.

이 거리는 사람들이 많아서 복잡하다.

这条街道人很多，特别嘈杂。

根本 – 根本근본

중한 ① 사물의 본질이나 본바탕. ② 중요하다. 기본적이다.

중 전혀. 아예.[부정문
에 많이 사용됨]

结婚前，我根本就不知道他是这样的人。

결혼 전에는 이런 사람인 줄 전혀 몰랐어요.

工具 – 工具공구

중한 물건을 만들거나 고치는 데에 쓰는 기구나 도구를 통틀어 이르는 말

중 수단. 도구.

语言是人们交流的工具。

언어는 사람들이 교류하는 수단이다.

公布 – 公布공포

중한 일반에게 널리 알림.

중 공개적으로 발표하다.

老师今天公布了考试成绩。

선생님이 오늘 시험 성적을 발표하였다.

关系 – 關係관계

중한 둘 이상의 사람, 사물, 현상 따위가 서로 관련을 맺거나 관련이 있음.

중 (서로 관련된 것 사
이의) 영향. 중요성.
상관 ['有'·'没(有)'
와 함께 사용됨.]

你去不去都没关系。

네가 가든 안 가든 상관없다.

光明 – 光明광명

중한 밝고 환함. [비유]유망하다.

중 (성격이) 티 없이 맑다. 솔직하다.

希望这孩子长大后能成为一个光明磊落的人。

이 아이가 나중에 솔직한 사람 되었으면 좋겠다.

广大 – 廣大광대

중한 크고 넓다.

중 (인원) 수가 많다.

她的小说受到了广大读者的欢迎。

그녀의 소설은 많은 독자들의 환영을 받았다.

规范 – 規範규범

중한 인간이 행동하거나 판단할 때에 마땅히 따르고 지켜야 할 가치 판단의 기준.

중 규범에 맞다.

这个字你写得不太规范, 应该这样写。

이 글자는 규범에 안 맞게 썼다. 이렇게 써야 된다.

果然 – 果然과연

중한 아닌 게 아니라 정말로. 주로 생각과 실제가 같음을 확인할 때에 쓴다.

한 결과에 있어서도 참으로.

그 실력으로 과연 시험에 합격할 수 있을까?

他这样的水平能通过考试吗？

后面 – 後面후면

중한 향하고 있는 방향의 반대되는 쪽의 면.

중 뒷부분.

今天先到这儿，这个问题后面再说吧。

오늘 여기까지 하고 이 문제는 나중에 또 이야기합시다.

火 – 火화

중한 몹시 못마땅하거나 언짢아서 나는 성.

중 ① 불.

人类是什么时候开始使用火的呢？

인간은 언제부터 불을 사용하기 시작했을까?

② 인기가 많다.
유행이다.

这个明星最近很火。

이 스타는 요즘 매우 인기가 있다.

> HSK大纲 3급에서는 명사로서의 의미를,
> 4급에서는 형용사로서의 의미를 제시하고 있다.

基本 – 基本기본

중한 어떤 일이나 사물의 가장 중심이 되는 중요한 사실. 밑바탕이 되는 것.

중 대체로. 거의. 기본
적으로.

身边的朋友基本都有对象了。

주변 친구들은 거의 다 애인이 있다.

集体 – 集體집체

중단 힘, 지혜, 동작, 개념 따위를 하나로 뭉친 것.

중 여러 사람이 모여서 이루어진 집단.

与个人生活相比，我更喜欢集体生活。

나는 개인 생활보다 단체 생활을 더 좋아해요.

💡 중국어 '集体'는 한국어 '집체集體'와 완전한 동형동의어는 아닐뿐더러 한국어 '집체集體'보다 의미 범위가 더 크므로, 여기서는 한국어 '집단'과 대응하는 이형동의어로 취함.

计算 – 計算계산

중단 수를 헤아리다.

단 값을 치르다.

여기 알리페이로 계산 가능한가요?

这里可以用支付宝结账吗？

坚持 – 堅持견지

중단 어떤 견해나 입장 따위를 굳게 지니거나 지키다.

중 어떤 일을 꾸준히 계속하다. 지속하다.

我每天都坚持运动一小时。

나는 매일 꾸준히 한 시간씩 운동을 한다.

建立 – 建立건립

중단 건물, 기념비, 동상, 탑 따위를 만들어 세움. 기관, 조직체 따위를 새로 조직함.

중 맺다. 이루다. 형성하다.

1992年中韩建立了外交关系。

1992년 한중 외교 관계가 수립되었다.

交易 – 交易교역

중민 나라와 나라 사이에서 물건을 사고팔고 하여 서로 바꿈.

중 거래하다. 장사하다.

我们今年和那家公司达成了一笔交易。

우리는 올해에 그 회사와 거래를 성사시켰다.

接近 – 接近접근

중민 가까이 다가가다.

민 친밀하고 밀접한 관계를 가지다.

나는 그에게 호감이 생겨서 자주 의도적으로 접근했다.

我对他产生了好感, 总是有意亲近他。

经历 – 經歷경력

중민 여러 가지 일을 겪어 지내 옴.

중 겪다. 경험하다. 체험하다.

他年纪不大, 却经历了很多事情。

그는 나이가 많지는 않지만, 많은 일을 경험했다.

精神 – 精神정신

중민 육체나 물질에 대립되는 영혼이나 마음.

중 활기차다. 생기발랄하다.

他穿上西服显得很精神。

그는 양복을 입으니 활기차 보인다.

课程 – 課程과정

[중][단] 일정한 기간에 교육하거나 학습하여야 할 과목의 내용과 분량.

[중] 수업.

这学期我选了书法课程。

나는 이번 학기에 서예 수업을 신청했다.

困难 – 困難곤란

[중][단] 어려움.

[단] 난감하다.

这件事让我很为难。

이 일은 내게 매우 곤란한 일이다.

这件事让我很为难。

力量 – 力量역량

[중][단] 힘.

[중] 실력자. 유력자.
영향력을 가진 사람.

他是足球界的新生力量。

그는 축구계의 새로운 실력자이다.

[단] 어떤 일을 해낼 수
있는 힘이나 기량.

学生의 역량을 키우는 것이 교육의 목표다.

培养学生的能力是教育的目标。

落后 – 落後낙후

[중][단] 기술이나 문화, 생활 따위의 수준이 일정한 기준에 미치지 못하고 뒤떨어짐.

[중] 낙오되다.
뒤떨어지다.

他这学期成绩落后了。

그의 이번 학기 성적이 뒤떨어졌다.

批评 – 批評비평

중韓 사물의 옳고 그름, 아름다움과 추함 따위를 분석하여 가치를 논하다.

중 장단점을 지적하다. 시비를 가려 비판하다.

老师批评了那名总是迟到的学生。

선생님은 항상 지각하는 그 학생을 꾸짖었다.

奇怪 – 奇怪기괴

중韓 외관이나 분위기가 괴상하고 기이하다.

중 이상하다. 뜻밖이다.

真奇怪, 现在是夏天, 怎么会下雪呢？

정말 이상하다. 지금은 여름인데 왜 눈이 오는 거지?

千万 – 千萬천만

중韓 백만의 한 자리 위의 수.

중 부디. 제발.

这件事你千万不要跟别人说。

이 일을 제발 다른 사람에게 말하지 마.

韓 '아주', '전혀'의 뜻을 나타내는 말.

천만 다행이다.

真是万幸啊。

(관용구)천만의 말씀이십니다. 제가 한 일은 아무것도 없습니다.

哪儿啊, 我做的事情不算什么。

前后 – 前後전후

중단 ① 공간의 앞뒤. ② 특정 시간보다 조금 빠르거나 늦은 시간.

중 시간적으로 처음부터 끝까지.

我这次办签证前后花了3个月的时间。

나는 이번에 비자가 발급되기까지 3개월이 걸렸다.

前面 – 前面전면

중단 물체의 앞쪽 면.

중 (시간·순서 등의) 앞 (부분). 먼저 (부분).

为了这次比赛, 大家前面已经付出了很多。

이번 경기를 위해, 여러분은 앞서 이미 많은 노력을 바쳤습니다.

情况 – 情況정황

중단 일의 사정과 상황.

중 동향. 변화.

如果病人有什么情况, 请联系我。

만약 환자에게 무슨 일이 있으면, 저에게 연락하십시오.

区别 – 區別구별

중단 차이점을 기준으로 하여 따로따로 갈라놓다.

중 차이.

这个和那个有什么区别?

이것은 저것과 어떤 차이가 있는가?

全面 – 全面전면

중만 전반. 전체.

만 하나의 면 전체.

그 부동산 회사는 신문에 전면 광고를 냈다.

那家房地产公司在报纸上做了整版广告。

确保 – 確保확보

중만 확실히 보증하다.

만 (사람이 무엇을) 확 실하게 마련하거나 갖추다.

경찰은 중요한 증거를 확보했다.

警察获取了重要的证据。

确实 – 確實확실

중만 틀림없이 그러하다.

중 정말로.

我确实不知道这个情况。

나는 정말로 이 상황을 모른다.

热烈 – 熱烈열렬

중만 어떤 것에 대한 애정이나 태도가 매우 맹렬하다.

만 (감정이나 그 표현 이) 매우 세차고 강 하다.

나는 그가 쓴 모든 작품을 읽은 열렬한 팬이다.

我读了他的全部作品，是他的铁粉。

人员 – 人員인원

[중][단] 단체를 이루고 있는 사람.

[중] 어떤 직무를 담당한
사람.

他是我们这里的工作人员。

그는 우리의 직원이다.

[단] 단체를 이루고 있는
사람들의 수효.

현재의 승차 인원은 5명이다.

现在的乘车人数是5人。

容易 – 容易용이

[중][단] (사람이나 물건 등이 어찌하기에) 어렵지 않고 편리하다.

[중] 하기 일쑤다. 하기
쉽다. (난이도 따위
가) 쉽다.[뒤에 동사
가 직접 오는 경우가
많음].

他经常游泳, 所以不容易生病。

그는 늘 수영을 해서 병이 잘 나지 않는다.

时刻 – 時刻시각

[중][단] 시간의 어느 한 시점.

[중] 늘. 항상.

出门在外, 要时刻注意安全。

외출 시에는 항상 안전에 주의해야 합니다.

事故 – 事故사고

[중][단] 뜻밖에 일어난 불행한 일.

[단] 사람에게 해를 입혔
거나 말썽을 일으킨
나쁜 짓.

너는 왜 또 사고를 쳤니?

你怎么又惹事了？

事实 – 事實사실

[중][외] 실제로 있었던 일이나 현재에 있는 일.

[외] ('사실은' 꼴로 쓰여) 겉으로 드러나지 아니한 일을 솔직하게 말할 때 쓰는 말.

저는 사천사람이지만, 사실은 매운 것을 잘 못 먹어요.

虽然我是四川人，其实我不太能吃辣。

事业 – 事業사업

[중][외] 어떤 목적을 위해 조직적으로 하는 활동.

[중] 국가 경비로 운영하는 비영리사업.

中国的公立大学都属于事业单位。

중국의 국립대학은 모두 비영리 국비사업체에 속한다.

[외] 경제적 이익을 얻을 수 있는 일을 경영함.

삼촌은 작년부터 개인 사업을 시작했다.

叔叔从去年开始自己做生意。

实验 – 實驗실험

[중][외] 과학에서 이론이나 현상을 관찰하고 측정함.

[외] 실제로 해봄.

이 핸드폰은 출시 전 이미 수십 차례의 실험 과정을 거쳤다.

这款手机在上市之前经过了数十轮的测试。

试验 – 試驗시험

[중][외] 테스트(하다).

[외] 재능이나 실력 따위를 일정한 절차에 따라 검사하고 평가하는 일.

이번 물리 시험 잘 봤니?

这次物理考试考得好吗？

输入 - 輸入수입

중만 (상품이나 자본을) 수입(하다).

중 문자나 숫자 등으로 된 정보나 데이터를 입력시키다.

请输入用户名和密码。

아이디와 비밀번호를 입력해 주세요.

만 다른 나라로부터 물품을 사들임.

올해 중국은 대량의 석유를 수입했다.

今年中国进口了大量石油。

谈判 - 談判담판

중만 협상하다. 교섭하다. 회담하다.

만 일정한 문제를 해결하기 위해, 관련되어 있는 두 쪽이 서로 의논하여 결론을 내림.

누가 옳은 지 이 자리에서 담판을 짓자.

谁对谁错，我们就在这儿分出结果吧。

听力 - 聽力청력

중만 귀로 소리를 듣는 힘.

중 듣기 능력.

这次考试的听力题真难啊。

이번 시험 듣기 문제가 정말 어렵네요.

突出 - 突出돌출

중만 어떤 모양이 쑥 나오거나 불거지다.

중 뛰어나다.

她在这次比赛中表现突出。

이번 경기에서 그녀의 활약은 아주 뛰어났다.

退出 – 退出퇴출

중일 물러나다.

일 자신의 의지가 아닌 이유로 물러남.

왕명이 불미스러운 일 때문에 회사에 퇴출되었다.

王明因为不光彩的事被公司开除了。

外面 – 外面외면

중일 겉으로 드러난 면.

중 밖.

窗户外面有棵樱花树。

창 밖에 벚꽃나무가 있다.

일 마주치기를 꺼리어 피하거나 얼굴을 돌림.

그 일 이후 친구들에게 외면을 당했다.

那件事之后朋友们不理我了。

温暖 – 温暖온난

중일 날씨가 따뜻하다.

중 따뜻하게 하다. 따스함을 느끼게 하다.

他的话让我感觉很温暖。

그의 말은 나를 매우 따뜻하게 한다.

文化 – 文化문화

중일 삶을 풍요롭고 편리하고 아름답게 만들어 가고자 사회 구성원에 의해 습득, 공유, 전달이 되는 물질적, 정신적 활동.

중 문자 사용 능력 및 일반적 지식을 가리킴.

我奶奶的文化程度很高。

우리 할머니는 일반 지식수준이 높으시다.

文件 – 文件문건

중 만 공적인 문서나 서류.

중 파일.

你电脑桌面上的文件太多了，整理一下吧。

네 컴퓨터 배경화면에 파일이 너무 많으니, 정리 좀 해라.

文明 – 文明문명

중 만 인간 생활이 기술적, 물질적, 문화적으로 발전된 상태.

중 교양이 있다.

乱扔垃圾是不文明的行为。

함부로 쓰레기를 버리는 것은 교양이 없는 행동이다.

文字 – 文字문자

중 만 언어를 기록한 부호.

만 휴대 전화의 자판을 이용하여 상대에게 전달하는 짧은 글.

나는 네가 보낸 문자를 못 받았어!

我没有收到你发的短信啊!

形象 – 形象형상

중 만 사물의 생긴 모양이나 상태.

중 ① 구체적이다.

王明的介绍又形象又生动。

왕명의 소개는 구체적이고 생동적이다.

② 캐릭터.

这部电影中的人物形象，你最喜欢哪一个?

이 영화 캐릭터 중 너는 어느 것을 제일 좋아해?

需要 – 需要수요

중日 사물에 대한 욕구.

중 … 해야 한다. 필요
로 하다.

这项工作需要电脑方面的人才。

이 일은 컴퓨터 인재를 필요로 한다.

宣布 – 宣布선포

중日 공식적으로 세상에 널리 알리다.

중 (경기 결과, 성적 등)
발표하다.

比赛结束后, 裁判宣布了结果。

경기가 끝난 후 심판이 결과를 발표했다.

宣传 – 宣傳선전

중日 주의나 주장, 사물의 존재, 효능 따위를 많은 사람이 알고 이해하도록 잘 설명하여 널리
알리는 일.

중 홍보하다.

他负责这次新产品的宣传工作。

그는 이번 신제품의 홍보 활동을 맡았다.

选手 – 選手선수

중日 운동 경기나 기술 따위에서 대표로 뽑힌 사람.

日 어떤 일을 매우 잘하
거나 자주 하는 사람.

민수는 노래를 잘할 뿐만 아니라 춤추는 데도 선수이다.

民秀能歌善舞。

压力 – 壓力압력

[중한] ① 누르거나 미는 힘. ② 타인을 자기에게 따르도록 강요하는 힘.

[중] 스트레스.

现在年轻人找工作的压力很大。

요즘 젊은 사람들은 취업 스트레스가 많다.

意外 – 意外의외

[중한] 뜻밖이다. 예상 밖이다.

[중] 뜻밖의 사고. 의외의 재난.

她在去公司的路上发生了意外。

그녀는 회사 가는 길에 사고가 났다.

游戏 – 遊戲유희

[중한] 즐겁게 놀며 장난함. 또는 그런 행위.

[중] 게임.

弟弟很喜欢玩儿电脑游戏。

남동생은 컴퓨터 게임을 아주 좋아한다.

有效 – 有效유효

[중한] 효과가 있다.

[중] 효율적. 효과적.

新技术有效地解决了这个难题。

신기술은 효과적으로 이 난제를 해결하였다.

展开 – 展開전개

중지 책이나 종이 따위를 열어서 펴거나 널찍하게 펴다.

중 어떤 활동을 대규모로 벌이다.

大家就"不婚现象"展开了热烈的讨论。

모두가 '불혼현상'에 대해 열렬한 토론을 벌였다.

真实 – 眞實진실

중지 거짓이 없는 사실.

지 마음에 거짓이 없이 순수하고 바름.

이 아이는 평소에는 거짓말을 안하고 진실된 학생이다.

他平时都不说谎，是一个诚实正直的学生。

整理 – 整理정리

중지 흐트러진 것이나 어수선한 것을 한데 모으거나 둘 자리에 둠.

지 ① 하고 있던 일이나 다른 사람과의 관계를 끝냄.

민주는 선호와의 관계를 정리했다.

明珠和善浩断交了。

② 은행과의 거래 내역을 통장에 기록으로 나타냄.

아들아, 은행에 가서 통장 정리 좀 해줘.

儿子啊，去银行帮我打印一下存折明细。

正式 – 正式정식

중지 정당한 격식이나 의식.

중 옷을 단정하게 차려 입다.

明天的面试很重要，你要穿得正式一点儿。

내일 면접은 아주 중요하니, 너는 단정하게 옷을 입어야 한다.

支持 – 支持지지

중의 어떤 사람이나 단체의 주장, 정책 등을 찬성하여 따르고 도움.

중 힘써 견디다.

张丽连续工作了10个小时，实在支持不住了。

장려는 계속 10시간이나 일했다. 진짜 견디지 못했다.

한 무거운 물건을 받치거나 버티다.

몇 개의 기둥이 오래된 그 건물을 지지하고 있다.

这几根柱子支撑着那个年久失修的建筑物。

职业 – 職業직업

중한 생계를 유지하기 위하여 자신의 적성과 능력에 따라 일정한 기간 동안 계속하여 종사하는 일.

중 프로. 프로페셔널

姚明是职业篮球运动员。

요명은 프로 농구 선수이다.

志愿 – 志願지원

중한 뜻을 두어 원함.

중 지원하다.

她大学毕业后，志愿去农村支教。

그녀는 대학을 졸업한 후 농촌에 가서 교육봉사활동을 지원했다.

主动 – 主動주동

중한 능동적. 자발적.

한 어떤 일에 주장이 되어 움직임 또는 그런 사람.

그는 이번 파업을 주동했다.

他主导了这次罢工。

专门 – 專門전문

중민 어떤 분야에 상당한 지식과 경험을 가지고 그 일을 잘하는 것.

중 일부러. 특히.

我是专门来拜见您的。

저는 일부러 찾아 뵈러 온 거예요.

组合 – 組合조합

중민 여럿을 한데 모아 한 덩어리로 짬.

민 어떤 공동 목적을 수행하기 위하여 일정한 자격이 있는 사람들이 조직하는 단체.

민수가 회사 노동 조합에 가입하였다.

民秀加入了公司的工会。

左右 – 左右좌우

중민 ① 왼쪽과 오른쪽을 아울러 말. ② 좌우하다. 지배하다.

중 가량. 만큼. 안팎.

他年龄不大, 30岁左右。

그는 나이가 많지 않고 30세쯤 된다.

연습문제

HSK 1-2급

一   알맞은 단어를 고르세요.

> 通过   放心   便宜   事情   读书   多少

01 今天要做的 ( ) 真多。

02 鱼真 ( )，现在三块钱一斤了。

03 ( ) 这次比赛，我知道了自己还有很多不足。

04 妈妈，请 ( )，我到家后就给您打电话。

05 苹果 ( ) 钱一斤？

06 女儿 ( ) 很好，经常得第一名。

> 爱好   故事   黄色   过去   不过   安静

07 早上的公园真 ( ) 啊！

08 未成年人不应该看 ( ) 电影。

09 我妈妈最大的 (　　) 就是跳舞。

10 我小时候很喜欢听爸爸讲 (　　)。

11 这件衣服很漂亮, (　　) 有点儿贵。

12 那里刚刚 (　　) 了一辆公交车。

方便　想起　原来　习惯　大家　大门

13 欢迎 (　　) 来到同济大学!

14 不好意思, 我正在开会, 现在不 (　　) 接电话。

15 下雨天的时候, 我总会 (　　) 很多以前的事儿。

16 来韩国三年后, 王明已经 (　　) 这里的生活了。

17 (　　) 是你帮我打扫了教室啊, 谢谢你。

18 小时候放学时, 爸爸经常在学校 (　　) 前等我。

真正　普通　热情　服务　经过　实际

19 请举一个 (　　) 的例子来进行说明。

20 她为这所学校 (　　) 了二十年。

21 从我家到学校要 (　　) 一所医院。

22 那家饭店的服务员一点儿也不（　　　）。

23 什么才是（　　　）的爱呢?

24 长大后, 我发现自己只是一个（　　　）人。

01 政府对青年失业问题采取了很多措施。（　　　）

02 下学期开始我们上对面课。（　　　）

03 我妈妈很不喜欢参加学校的家长会。（　　　）

04 爸爸每天都买新闻回家看。（　　　）

05 我家住在首尔, 我男朋友家住在地方。（　　　）

06 刘红对这家咖啡店很有爱情。（　　　）

07 她是北京大学的总长。（　　　）

08 自己的事情自己做。（　　　）

09 我奶奶所有很多房子。（　　　）

10 王老师是天上的学者。（　　　）

11 我对她很有意见。（　　　）

12 我不明白他的话是什么意思。（　　　）

13 我们家大小加起来一共五口人。（　　）

14 李英是北京大学文学院的学生。（　　）

15 她妈妈是大学教师。（　　）

16 爷爷上了年纪，身体越来越不好了。（　　）

17 先生您好，请问您有什么需要吗？（　　）

18 中国的中学教育分为初级中学和高级中学两种。（　　）

19 周末公园的草地上有很多人坐着聊天。（　　）

20 你想听一下50岁失业者真实的心情吗？（　　）

21 自己呀，我们这周末一起看电影吧！（　　）

22 他经常给你送礼物说明他很喜欢你。（　　）

23 昨晚我参观了校庆七十周年活动，真的非常有意思。（　　）

24 这种药可以直接作用于动物的心脏。（　　）

25 我以前在北京大学听讲过那门课。（　　）

26 人生的道路上，总会遇到很多困难。（　　）

27 我很喜欢看雨后蓝色的天空。（　　）

28 她是北京大学医学研究中心的研究员。（　　）

29 马路两边不能停车，我们还是停在别的地方吧。（　　）

01 每天 (　　) 后，我都坐校车回家。(放学 放假)

02 每周末王明都去家附近的英语 (　　) 学习英语。(学院 补习班)

03 这是我 (　　)，我们上个月刚结婚。(爱人 恋人)

04 最近的特大 (　　) 你听说了吗？(新闻 报纸)

05 时间过得真快，(　　) 儿子还是小学六年级的学生，今年就已经上初中了。(前年 去年)

06 儿子最近感冒了，一点儿 (　　) 都没有。(生气 活力)

07 李英 (　　) 了三千元的出差费。(请求 申请)

08 请问，你们医院周六也 (　　) 预约吗？(可以 可能)

09 林丹对这家咖啡店很有 (　　)。(爱情 感情)

10 这次 (　　) 考试周强考得很不错。(中间 期中)

11 刘红的 (　　) 生意很好。(花园 花店)

12 张丽 (　　) 早上七点起床。(一般 普通)

13 你有问题的话，就 (　　) 来找我吧。(亲自 直接)

14 他在异国他乡结束了自己的 (　　)。(最后 生命)

15 今天下大雪，图书馆里只来了三 (　　) 人。(名 个)

16 适合自己的 (　　) 就是最美的。(头发 发型)

다음 단어 순서를 바르게 배열하세요.

01 她　好　跳舞　非常　跳得

....

02 吧　那家　住　酒店　今晚

....

03 了　生气　小丽　可能

....

04 有　书包里　东西　什么

....

05 的　是　怎么　认识　你们

....

06 三个　这个字　读音　有

....

07 这家　经理　酒店的　她　是

....

08 你妈妈　工作　单位　什么　在

09 快乐　你　祝　生日

10 的　谁　你　这件事　告诉　是

11 桌子　有　一张　书房里

12 完成　能　十点前　一定　作业　我

13 很　最近　热　天气

14 问题　难　回答　这个　很

15 在　第一名　取得了　这次　她　比赛中

HSK 3급

알맞은 단어를 고르세요.

批评　关系　保险　演出　压力　从来

01 写博士论文时，我的（　　　）一直很大。

02 今晚演员们的（　　　）真不错，观众们都很喜欢。

03 哥哥总是（　　　）我的缺点，这让我很生气。

04 天气对植物的生长有很大的（　　　）。

05 我（　　　）没见过他生气。

06 为了（　　　）起见，最好还是多准备一把雨伞吧。

分别　奇怪　精神　左右　必要　部长

07 谁也（　　　）不了这个结果。

08 中国外交（　　　）王毅三天后会访问韩国。

09 这个小伙子个子高高的, 很喜欢运动, 看上去真 (　　) 啊！

10 真 (　　), 今年冬天怎么下这么多雪呢？

11 在参加比赛之前, 我们得做一些 (　　) 的准备。

12 王明和张丽 (　　) 代表男女双方参加比赛。

温暖　工具　游戏　情况　从前　文明　志愿

13 周末两天他一直在家玩儿电脑 (　　)。

14 他的 (　　) 是以后成为一名优秀的厨师。

15 朋友的话 (　　) 了我的心。

16 有新的 (　　) 的话, 请马上告诉我。

17 我们应该尊老爱幼, 做 (　　) 人。

18 语言是人们交流的 (　　)。

后面　需要　落后　根本　表面　单元

19 我 (　　) 没想过这些问题。

20 师傅, 谢谢您帮我修好了自行车, 请问我 (　　) 付您多少钱？

21 跑步比赛中, 王明跑得很慢, 一直 (　　)。

22 小明 (　　) 看起来很冷静, 内心却非常紧张。

23 我家住在3号楼6（   ）402室。

24 这个问题，我们（   ）还需要再讨论一下。

安排 广大 前面 文件 容易 展开

---

25 起床后，他（   ）双臂活动了几下。

26 政府努力为失业者（   ）工作。

27 这个电脑（   ）怎么突然打不开了？

28 为了这次考试，你（   ）已经努力了那么长的时间，现在更不应该放弃。

29 欢迎（   ）读者给我们的杂志提意见。

30 不知道为什么，下雨天时我总是很（   ）困。

发动 突出 结束 形象 时刻 谈判

---

33 请（   ）注意天气变化。

32 张丽非常（   ）地说出了那个人的样子。

33 双方最近进行了停战（   ）。

34 今天的会议终于（   ）了。

35 村长（   ）全体村民参与这项活动。

36 女儿在体育方面表现非常（   ），经常代表学校参加比赛。

아래 내용이 옳으면 ○, 틀리면 ×로 체크하세요.

01 他总是说大话, 没有真本事。(   )

02 结婚后, 他变成了做菜选手。(   )

03 环境污染问题越来越深刻了。(   )

04 这对新婚夫妇的配合得到了大家的祝福。(   )

05 姚明是中国篮球队最有名的队员之一。(   )

06 我们可以利用她的秘密大做文章。(   )

07 丽丽今天在口语课上的发表真棒！(   )

08 他的身份确实了之后, 公司同意他来上班。(   )

09 邓亚萍是中国历史上非常有名的乒乓球职业运动员。(   )

10 我是中文初步者, 现在只会说几句简单的中文。(   )

11 不知道为什么, 最近朋友们总是外面我。(   )

12 院长给老师们分配了不同的任务。(   )

13 因为是上班时间, 所以地铁里很复杂。(   )

14 报社接到记者的通信了。(   )

15 李英在去机场的路上发生了意外。(   )

16 儿子不听话, 在学校总是制造很多事故, 真让人生气！(   )

17 在中国, 家长们常对孩子说"喝生水, 不卫生"。(   )

18 今天刚回来的水果状态非常好，十分新鲜。(   )

19 本来么，一个三岁的孩子怎么知道大人在说假话？(   )

20 村里成立了新的医院和学校。(   )

21 周强那样的水平果然能通过研究生考试吗？(   )

22 我计算了饭钱，咖啡钱就你来付吧。(   )

23 博士毕业后，姐姐给自己设立了新的目标。(   )

24 为了确保游客，韩国政府开发了很多新的旅游项目。(   )

25 我看过她写的所有的书，是她热烈的读者。(   )

26 她整理了和前男友的关系，决心开始新的生活。(   )

27 2022年中国大学毕业生接近1100万人。(   )

28 林丹在2008年奥运会男人单打比赛中得了冠军。(   )

29 她在大火中救出了一个孩子。(   )

30 张怡宁是中国有名的女人单打乒乓球运动员。(   )

31 北方汉族和南方汉族在外貌上有什么区别吗？(   )

32 这种产品不适用于儿童。(   )

33 因为经常请假和迟到，王明被公司退出了。(   )

34 交警向市民们宣传新的交通法规。(   )

35 最近工作很忙很累，我的身体有点儿支持不住了。(   )

36 她把说过的话又重复了一遍。(   )

37 村里人传说他在城里当了经理。(   )

37 我这两年很喜欢在网上和别人交易二手物品。(   )

38 中国和韩国于1992年建立了外交关系。(   )

39 我对这次比赛一点儿把握也没有。(   )

40 今年的最后一次会议上,大家都做了全年工作总结。(   )

41 我姐姐喜欢一个人生活,而我却更喜欢集体生活。(   )

42 为办理美国签证,我前后花了两个月的时间。(   )

三 알맞은 단어를 고르세요.

01 周强在学术界的 (   ) 很高。(成果 成就)

02 认识不久后,两人就开始了甜蜜的 (   )。(热爱 热恋)

03 张丽是一位非常有 (   ) 的领导人。(力量 能力)

04 (   ) 我并不爱你。(事实 其实)

05 她是我们这里的工作 (   )。(人员 人数)

06 父母对孩子的爱 (   ) 在很多方面。(出现 表现)

07 这次比赛我们一定要 (   ) 一心。(团结 结束)

08 她对这个问题有 (   ) 的认识。(严重 深刻)

220

09 这个地方今年 (　　) 了一个新的旅游区。(造成 建成)

10 在中国可以看到很多其他国家的 (　　) 车。(输入 进口)

11 画家使用了独特的 (　　) 方法。(彩色 着色)

12 生日这天, 我的手机收到了好几家商店的祝福 (　　)。
(文字 短信)

13 小李看上去三十岁 (　　)。(前后 左右)

14 这家公司最近 (　　) 了三名新职员。(录用 采用)

15 这件事让我感到非常 (　　)。 (困难 为难)

16 我的女儿在韩国小学、初中和高中接受了12年 (　　) 教育。
(正规 正式)

17 中华民族共由五十六个民族 (　　)。(组合 组成)

18 请问在这里做 (　　) 广告的话, 要多少钱？(全面 整版)

19 校长 (　　) 了今年优秀学生的名单。(发表 宣布)

20 读博的过程中, 李英 (　　) 了很多困难。(经验 经历)

21 这是 (　　) 最有名的小吃。(现地 当地)

다음 단어 순서를 바르게 배열하세요.

01 比例   要求   达到了   参加者的   已经

....

02 标准   发音   还   不太   她的

....

03 光明   未来   的   是   我们的

....

04 规范   动作   不太   做的   她

....

05 一下   了解   经理   想   那件事

....

06 对象   找到   还没有   小丽

....

07 上海   深刻   我   印象   对

....

08 强　很　事业心　小丽的

09 汉语　好　她　听力　很

10 玩儿　没有　出去　工夫　我

11 这名学生的　了解了　王老师　情况　基本

12 很高　我奶奶的　水平　文化

13 公布　这次的　结果　比赛　还没有

14 的　你　准备　为　专门　这道菜　是

15 秘密　别　他　这个　告诉　千万

16 多了　游泳　我　一年　坚持

....

17 你　课程　这学期　哪些　选了

....

18 解决了　方法　她的　有效　这个问题

....

| 主編 |

侯文玉

中國 延邊大學校 學士 卒業
韓國 延世大學校 碩士 卒業
中國 上海外國語大學校 博士 卒業
中國 同濟大學校 言語學 副教授
韓國 慶熙大學校 孔子學院 中國院長

국제중문교육용 한국 한자어 대응
중국어 어휘 해석 1-3급

초판 인쇄 2023년 11월 10일
초판 발행 2023년 11월 20일

主   編 | 侯文玉
編   者 | 曾茂·王犇·夏維·尹焰暎
펴 낸 이 | 하운근
펴 낸 곳 | 學古房

주   소 | 경기도 고양시 덕양구 통일로 140 삼송테크노밸리 A동 B224
전   화 | (02)353-9908 편집부(02)356-9903
팩   스 | (02)6959-8234
홈페이지 | www.hakgobang.co.kr
전자우편 | hakgobang@naver.com, hakgobang@chol.com
등록번호 | 제311-1994-000001호

ISBN 979-11-6995-378-8 93720

값 : 25,000원